CB065744

OS BENEFÍCIOS DO ALHO

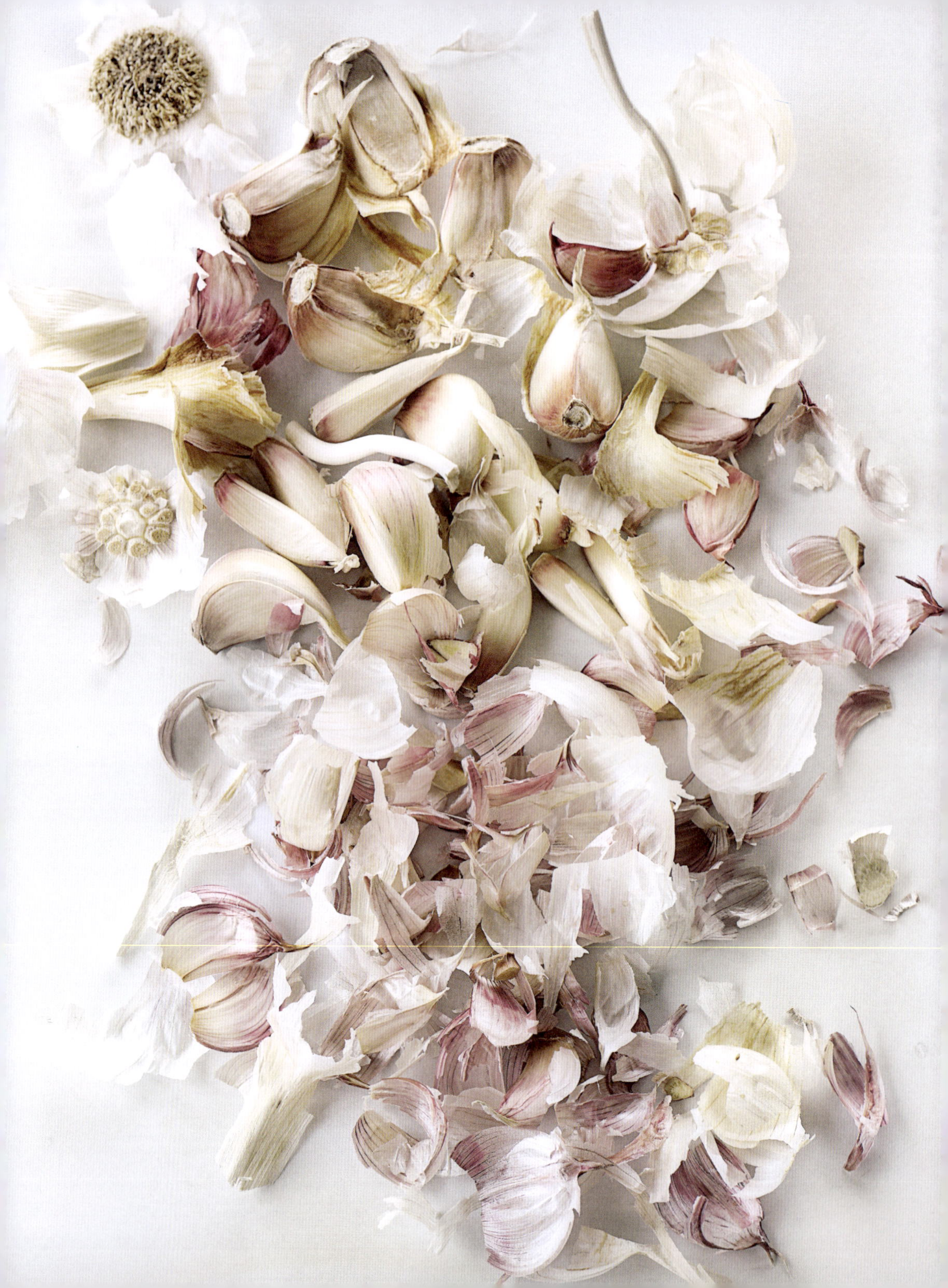

OS BENEFÍCIOS DO
ALHO
40 RECEITAS FANTÁSTICAS PARA MELHORAR A IMUNIDADE

NATASHA EDWARDS
FOTOS DE PETER CASSIDY

PubliFolha

SUMÁRIO

6.
INTRODUÇÃO

12.
ENTRADAS
E SOPAS

34.
ACOMPANHA-
MENTOS
E SALADAS

52.
PRATOS
PRINCIPAIS

72.
PASTAS,
MOLHOS E
TEMPEROS

90.
ÍNDICE

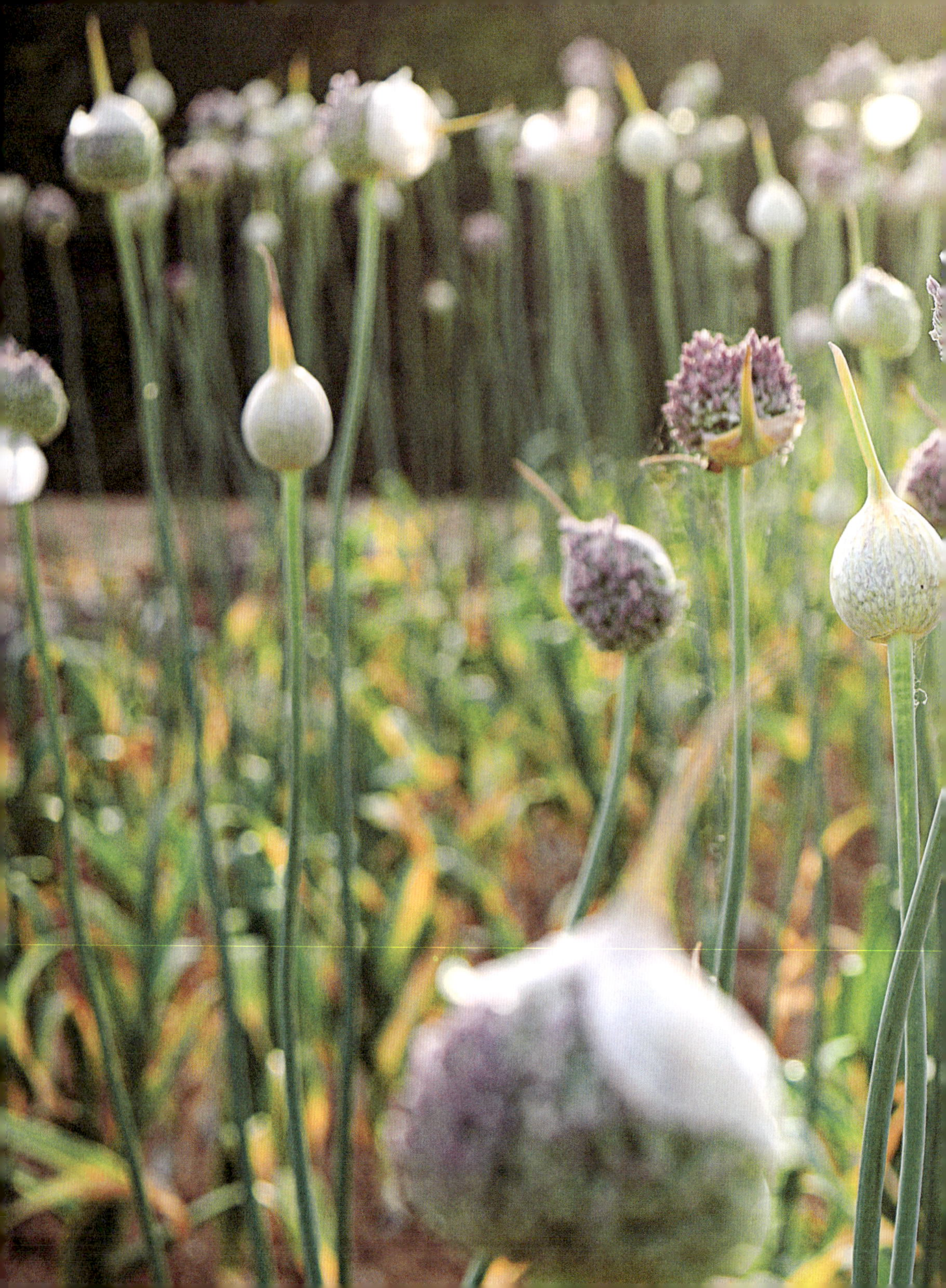

O ALHO É ÓTIMO

Como é possível que algo tão saudável também tenha um gosto tão bom? É uma pena que a gente não possa dizer o mesmo de todas as coisas deliciosas da vida. Felizmente o alho tem ambos em abundância: sabor e benefícios para a saúde. Eu fui criada na Mersley Farm, hoje conhecida como "a fazenda do alho", na ilha de Wight, no Reino Unido, de modo que esse ingrediente tem um papel importante em minha vida. Mas mesmo depois de anos plantando, colhendo, limpando, fazendo réstias, cozinhando, provando e falando sobre alho, meu entusiasmo pela "rosa fétida", como o produto é chamado, não diminuiu nem um pouco. Amo alho e toda a minha família poderia ser chamada de "alhófila". A planta tem um atrativo natural: reúne as pessoas, intriga, excita e inspira, e, à medida que ler este livro, é possível que de alguma maneira ela o enfeitice também. Talvez você até já acrescente um dente de alho à comida ou tenha curiosidade a respeito de suas propriedades terapêuticas. Qualquer que seja sua relação com o alho, minha missão é encorajá-lo a usar mais – pelo sabor maravilhoso e pelo bem que faz à saúde.

PREPARO

O aspecto mais versátil do alho é como seu sabor varia de acordo com o modo de preparo. Picar ou amassar os dentes confere aquele aroma pungente característico e um sabor mais intenso.

Isso porque "machucar" o alho dispara uma reação química poderosa que produz alicina, substância em grande parte responsável pela potência e pelo cheiro forte. Por isso, ele fica mais suave e adocicado quando cozido inteiro.

Para descascar
Pode ser trabalhoso, mas a tarefa fica mais simples se os dentes forem grandes e estiverem secos. Se for usar amassado, a maneira mais fácil de descascar é apoiar a lâmina de uma faca grande sobre o dente e pressionar com a mão. Isso separa a casca da polpa sem nenhuma complicação. Outro jeito é usar um descascador de silicone, que realiza a tarefa em segundos. Basta colocar os dentes dentro do cilindro e rolar sobre a superfície de trabalho, fazendo pressão para soltar a casca.

Para amassar
Amassar ou espremer o alho libera ao máximo a alicina e outras substâncias que contêm enxofre, daí o sabor forte. Existe uma grande variedade de amassadores, mas os de melhor qualidade deixam menos resíduos e são mais fáceis de limpar. Bater o alho no almofariz, com um pilão, produz sabor semelhante, mas outra consistência. O alho amassado fica mais suave quando cozido. As reações químicas demoram cerca de 1 minuto para ocorrer, então espere antes de levá-lo à panela para obter um sabor mais pronunciado.

Para fatiar
O alho descascado pode ser cortado com uma faca afiada. Ao preparar uma quantidade grande, porém, talvez seja bom usar um fatiador, parecido com uma minimandolina. Em fatias, o sabor é um pouco mais delicado do que o amassado. Fica ótimo em refogados e curries e pode ser frito para ficar mais suave e amendoado. Cuidado para não queimá-lo, pois isso deixaria um gosto amargo.

CHEIRO DE ALHO

O alho pode deixar as mãos impregnadas com seu cheiro! Mas existem alguns antídotos que você pode testar.

Há pessoas que mergulham as mãos em suco de limão ou vinagre e então lavam com água morna e sabão. Também é possível esfregá-las em algum objeto feito de aço inoxidável – muitas vezes eles estão à sua volta na própria cozinha. Aparentemente, as moléculas do aço e do alho se combinam e livram os dedos do cheiro. (Isso também funciona com cebola.) Na hora de descascar, alguns pedacinhos ficam escondidos embaixo das unhas; recomendo usar uma escovinha para removê-los.

Broto verde

Se o alho já está velho e começou a brotar, você pode encontrar um pequeno germe verde quando corta o dente ao meio. Embora seja completamente inofensivo e não diminua o sabor, algumas pessoas preferem removê-lo, pois pode dificultar a digestão.

MARAVILHA MEDICINAL

Nossos antepassados intuíram que o alho tinha um enorme potencial como remédio natural, e hoje há pesquisas científicas provando que isso é verdade. Assim como vitaminas e minerais, os dentes contêm numerosos compostos sulfúricos que beneficiam a saúde – a alicina é o mais potente. Eles entram em ação quando o alho é mastigado, amassado ou cortado, desprendendo seu aroma pungente característico. Então, trabalham em harmonia com o corpo para protegê-lo de diversas doenças comuns e outras mais sérias. Milhões de anos de evolução permitiram ao alho aperfeiçoar esse mecanismo de autoproteção. Tudo que precisamos fazer é consumi-lo.

COMPRE O MELHOR

Para obter o melhor sabor na hora de cozinhar, é fundamental usar produtos de boa qualidade. É ótimo que o alho seja tão fácil de encontrar hoje em dia e que os supermercados locais quase sempre tenham um bom estoque, mas preste atenção ao tipo de produto vendido, pois nem sempre é o melhor.

Se você quer alho de boa qualidade, saboroso e que dure bastante, vale a pena procurar um pouco mais. Cultivar a planta a partir de bulbos sadios é uma excelente maneira de garantir dentes frescos, mas os mercados e feiras de produtos orgânicos são boas fontes e geralmente oferecem grande variedade.

Dicas para escolher bem

♦ Compre sempre cabeças de alho intactas e com todos os dentes. Se não estiverem inteiras, o prazo de validade será menor.

♦ Pressione a cabeça para ver se está firme – quanto mais resistente, melhor. Qualquer ponto mais macio indica que o produto é velho e não vai durar muito ou que já começou a ficar quebradiço por dentro.

♦ Evite o alho que apresentar brotos verdes. Quando eles aparecem na ponta dos dentes, a planta já começou a brotar. Ainda dá para usar, mas não vai durar tanto quanto um mais fresco.

EXPLOSÃO DE SAÚDE

A alicina é a fonte dos benefícios do alho. Por ser parcialmente destruída pelo cozimento, você obtém o melhor da substância quando usa os dentes crus ou levemente cozidos. Muitas receitas deste livro indicam esse tipo de preparo, preservando suas boas propriedades. Mas não pense que cozinhar o alho acaba com todas as suas qualidades, pois cria outros compostos sulfúricos que beneficiam o organismo.

Como armazenar

A melhor maneira é mantê-lo em local seco, para não mofar, em temperatura ambiente, para evitar que brote, e com boa circulação de ar. Um recipiente com orifícios para ventilação é ideal. Não use plástico, para prevenir o mofo. Guarde o alho verde na geladeira e não congele nenhum tipo de alho. Bem armazenado, ele pode durar meses.

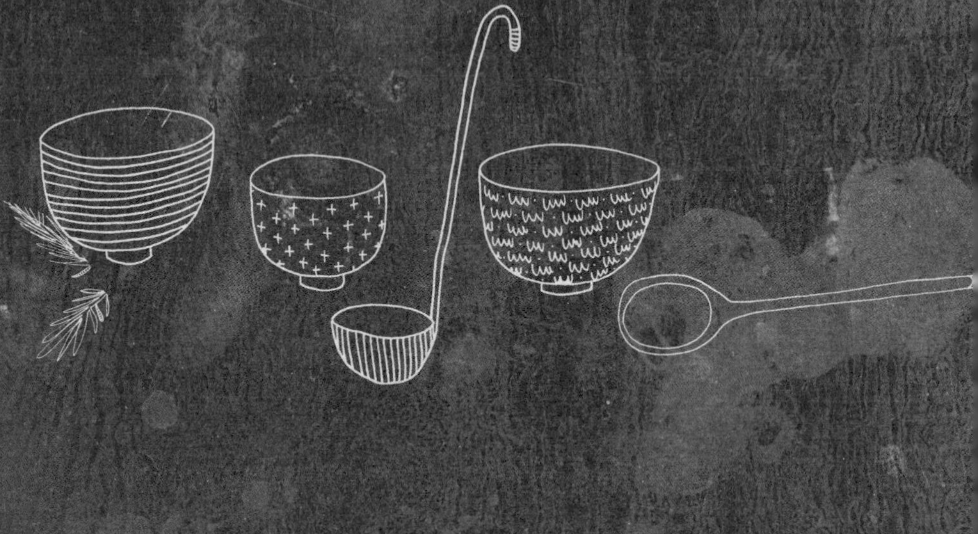

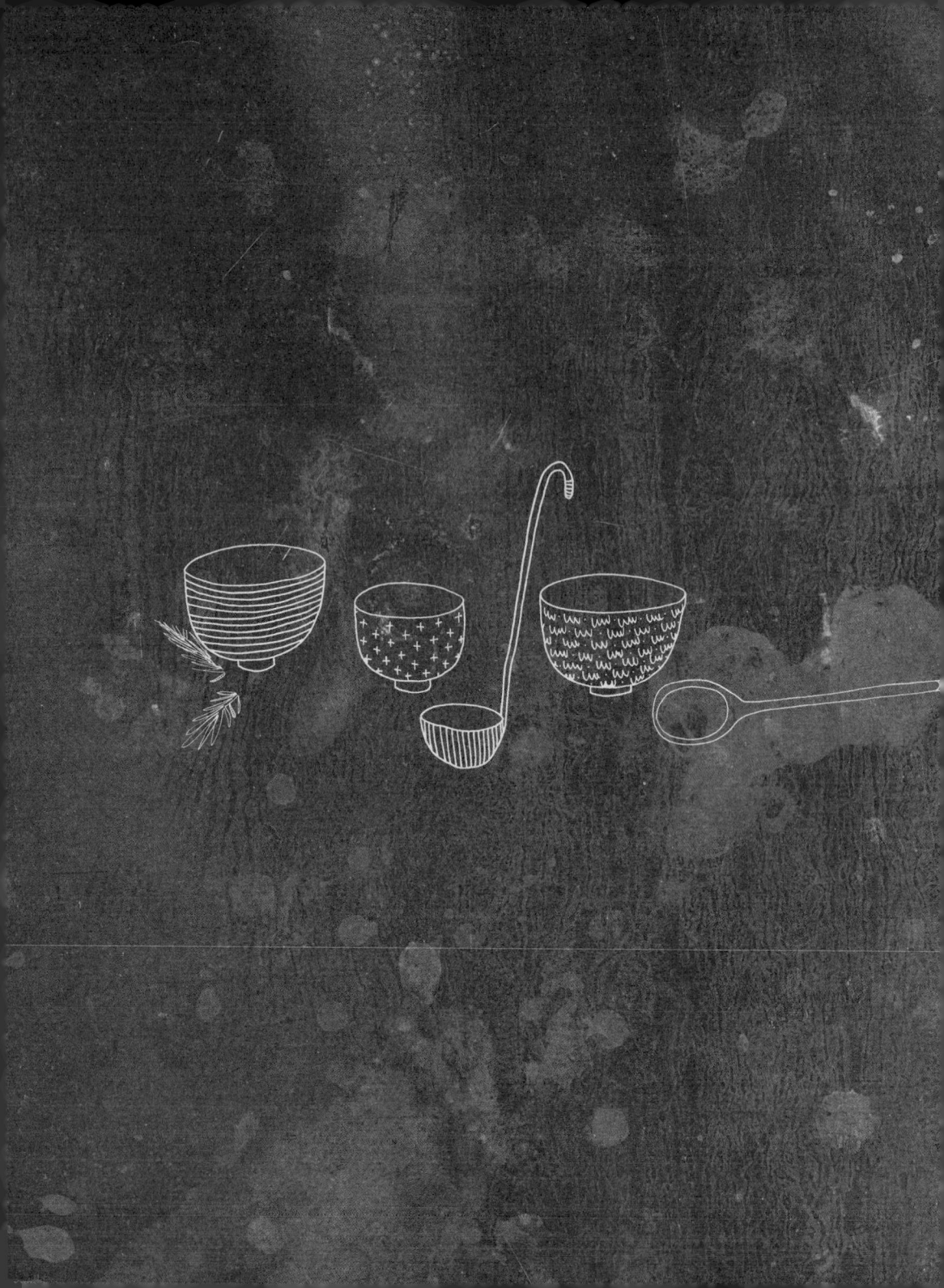

ENTRADAS E SOPAS

TARTE TATIN DE ALHO E TOMATE *VEGETARIANO

Essa variação da tarte tatin derrete na boca. É uma entrada capaz de impressionar em um jantar para convidados ou um prato leve para o almoço de verão.

Rende 6 porções

Para o alho caramelizado
3-4 cabeças de alho com os dentes descascados
azeite
1 colher (sopa) de vinagre balsâmico
2 colheres (chá) de açúcar mascavo
1 ramo de alecrim e 1 de tomilho bem picados
1 colher (chá) de sal

Para o tomate
azeite
3 colheres (chá) de açúcar mascavo
4 tomates maduros cortados na vertical (ou uma caixinha de tomate-cereja maduro)
sal e pimenta-do-reino moída na hora

Para a massa
massa folhada pronta em quantidade suficiente para cobrir uma frigideira de 20 cm que possa ir ao forno
1 ovo batido

Para finalizar
250 g de queijo feta despedaçado
ramos de tomilho

1. Preaqueça o forno a 200°C.

2. Coloque os dentes de alho em uma panela pequena, cubra com água e ferva por 3 minutos. Escorra; seque o alho e a panela. Recoloque no fogo com um fio generoso de azeite e refogue por 3 minutos. Junte 200 ml de água e o vinagre balsâmico; ferva por 10 minutos, ou até a maior parte do líquido evaporar.

3. Enquanto isso, para o tomate, despeje 1-2 colheres (sopa) de azeite em um prato grande e misture o açúcar mascavo; tempere com bastante sal e pimenta-do-reino. Por cima, distribua os tomates, com o lado cortado virado para baixo e bem imersos na mistura de azeite. Se for usar os tomates-cereja, corte-os ao meio.

4. Aqueça um fio generoso de azeite em uma frigideira que possa ir ao forno. Transfira os tomates com o lado cortado para baixo. Refogue por cerca de 5 minutos, ou até começar a ficar grudento; retire do fogo.

5. Nesse momento, a maior parte do líquido em que o alho estava cozinhando já deve ter evaporado. Acrescente o açúcar, as ervas e o sal; refogue até começar a dourar. Retire do fogo e transfira para a frigideira, distribuindo entre os tomates.

6. Cubra com a massa folhada, dobrando as bordas para dentro. Pincele com o ovo batido e leve ao forno por 25 minutos, ou até dourar. Retire e espere esfriar um pouco.

7. Coloque um prato de servir grande sobre a frigideira. Proteja as mãos com luvas de cozinha e segure ambos de maneira firme. Vire e retire a frigideira.

8. Espalhe o queijo feta e finalize com um ou dois ramos de tomilho. Sirva com rúcula ou agrião.

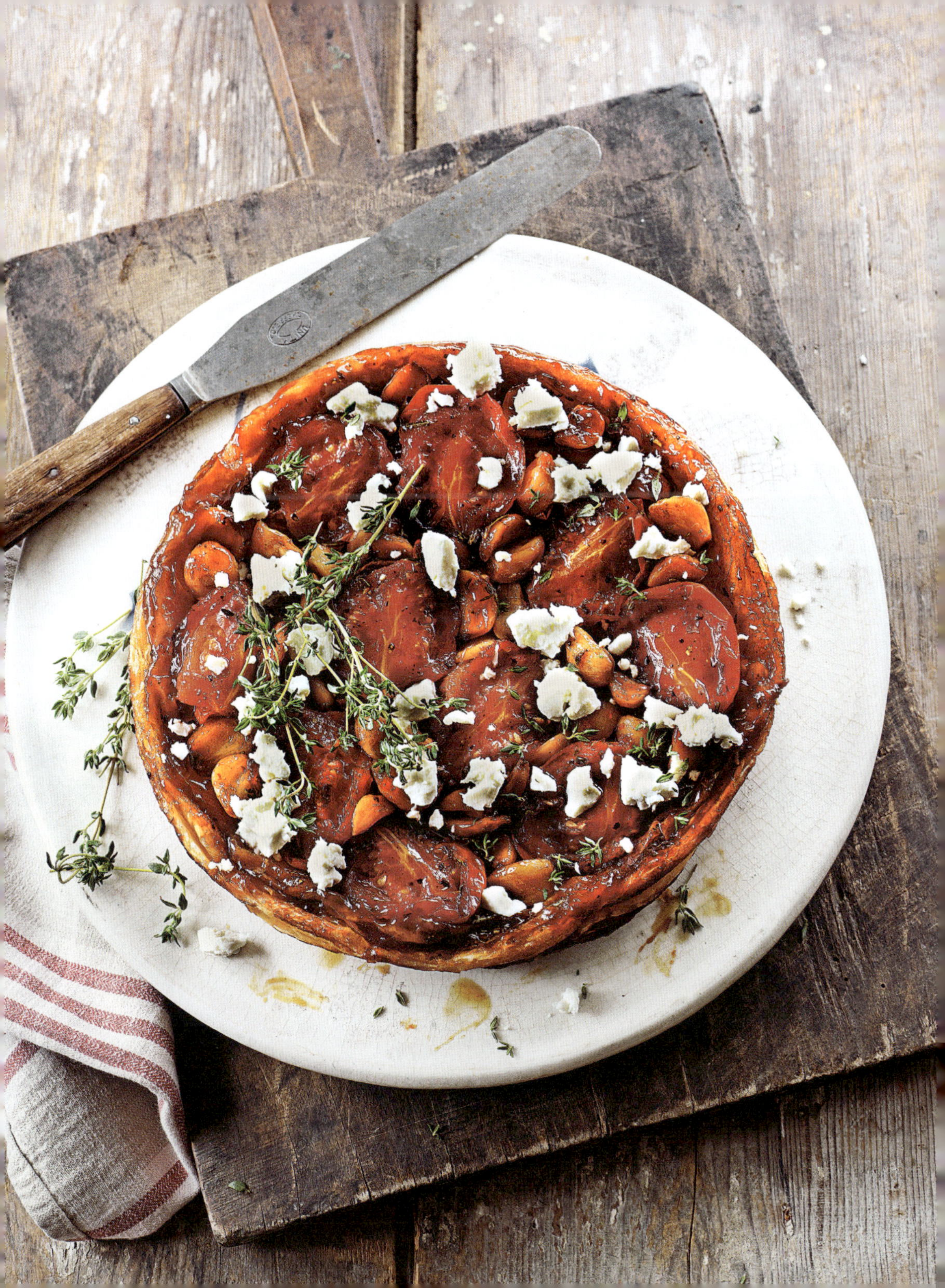

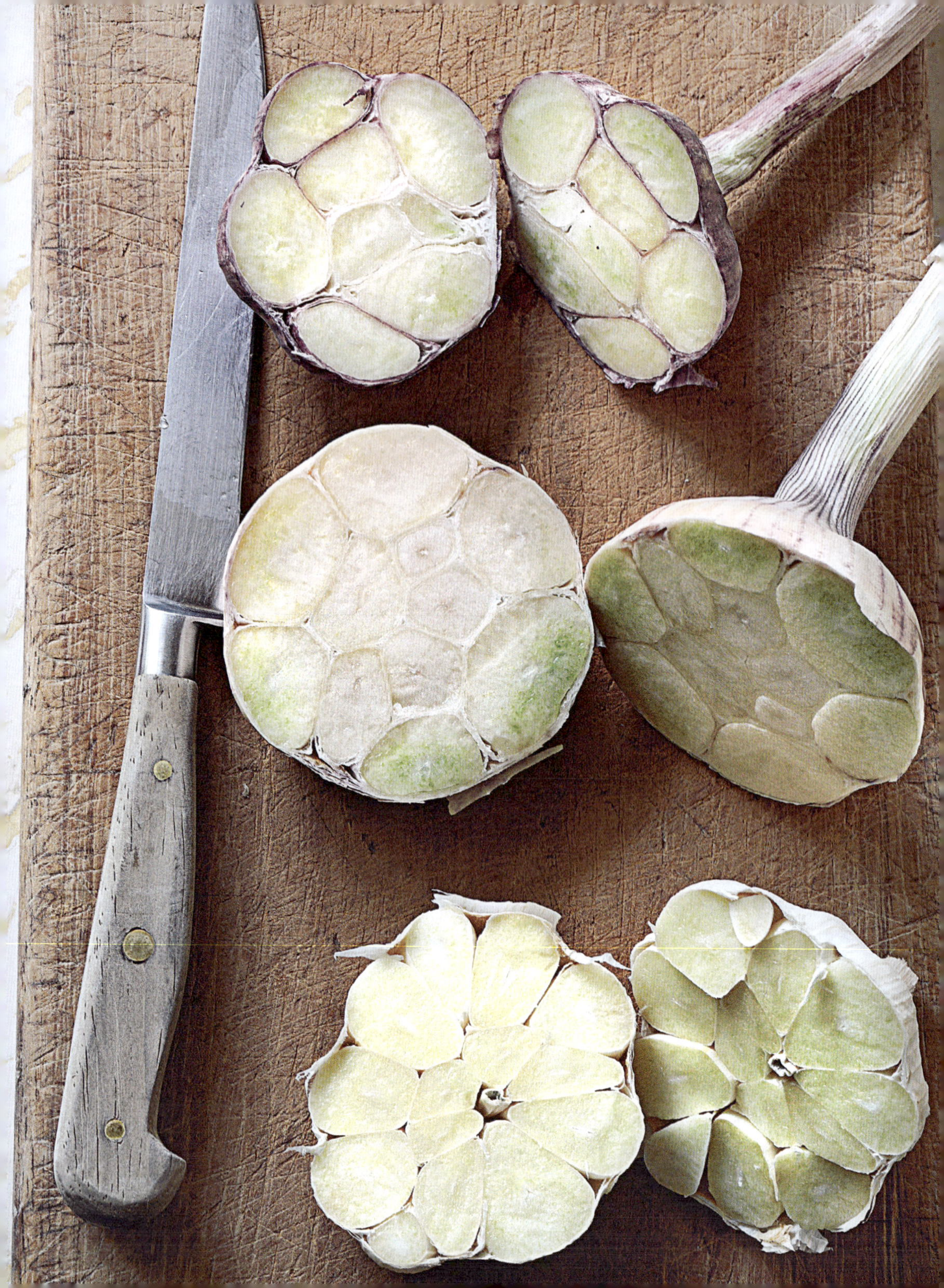

CEVICHE * SEM LATICÍNIOS * SEM GLÚTEN

Clássico latino-americano, o ceviche é feito com peixe cru marinado em sucos cítricos e outros temperos, seguindo variações regionais. A acidez do suco transforma a estrutura química do peixe de modo semelhante ao cozimento, mas o deixa com sabor e textura deliciosamente frescos. Para mim, o segredo desse prato é o incrível estímulo ao paladar, portanto gosto de acrescentar bastante pimenta-malagueta, alho e pimenta-de-caiena.

Rende 4 porções como aperitivo

400 g de filé de pescada, robalo, linguado ou outro peixe branco bem fresco, sem pele e sem espinhas
1 cebola roxa pequena cortada em rodelas bem finas
1 talo de aipo fatiado
1-2 pimentas-malaguetas sem sementes e bem picadas
1 colher (chá) de pimenta-de-caiena
2 dentes de alho descascados e amassados
suco de 3 limões-taiti
suco de 1 limão-siciliano
um punhado de coentro picado grosseiramente
um punhado de hortelã picada grosseiramente
sal marinho

1. Verifique se os filés estão inteiramente livres de pele e de espinhas. Corte-os em fatias com 1 cm de espessura, no sentido perpendicular às fibras.

2. Coloque o peixe em uma vasilha grande; junte a cebola, o aipo, os dois tipos de pimenta, o alho e os dois tipos de suco. Com cuidado, misture os ingredientes com uma colher de pau, para distribuir bem. O peixe deve ficar completamente banhado no líquido.

3. Leve à geladeira por pelo menos 2 horas, para o peixe "cozinhar" na marinada. Você saberá que está pronto quando a carne estiver opaca.

4. Junte o coentro e a hortelã. Misture, tempere com sal e sirva imediatamente em um prato grande ou em tigelas individuais; regue com os sucos que ficaram na vasilha.

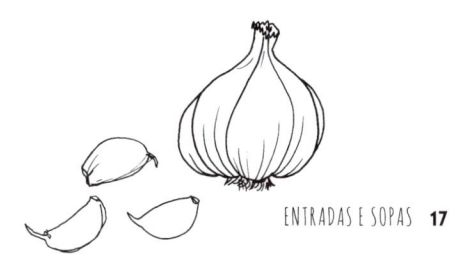

ENTRADAS E SOPAS 17

BLOODY MARY DE ALHO

*VEGETARIANO *SEM LATICÍNIOS

A combinação tentadora de alho, tomate e vodca rende um drinque vigoroso ou ainda uma bebida intensa para combater a ressaca. Talvez não seja a maneira mais saudável de ingerir sua dose diária de alho, mas é um jeito divertido de testar sua fama de remédio contra os efeitos da bebedeira. Uma alternativa é omitir a vodca e aproveitar sem culpa o bloody mary "virgem" – um modo criativo de consumir alho cru. Prepare com antecedência e mantenha na geladeira de um dia para o outro, para garantir o melhor sabor.

Rende 4 porções grandes

750 ml de suco de tomate
suco de 1 limão-siciliano
suco de 1 limão-taiti
1 colher (sopa) de raiz-forte ralada na hora
1 colher (sopa) de molho inglês
2 dentes de alho descascados e amassados
1 colher (chá) de molho de pimenta
sal e pimenta-do-reino moída na hora
vodca
cubos de gelo e talos de aipo, para servir

1. Bata todos os ingredientes no liquidificador, exceto os temperos e a vodca. Tempere a gosto e leve à geladeira. Como o sabor se intensifica com o tempo, deixe gelar por pelo menos 1 hora ou, de preferência, durante a noite. Essa mistura "virgem" pode ser mantida por cerca de 1 semana na geladeira.

2. Coloque alguns cubos de gelo em cada copo, acrescente uma ou duas doses de vodca e complete com o bloody mary de alho. Ou sirva sem álcool, puro ou com gelo. Finalize com um talo de aipo em cada copo.

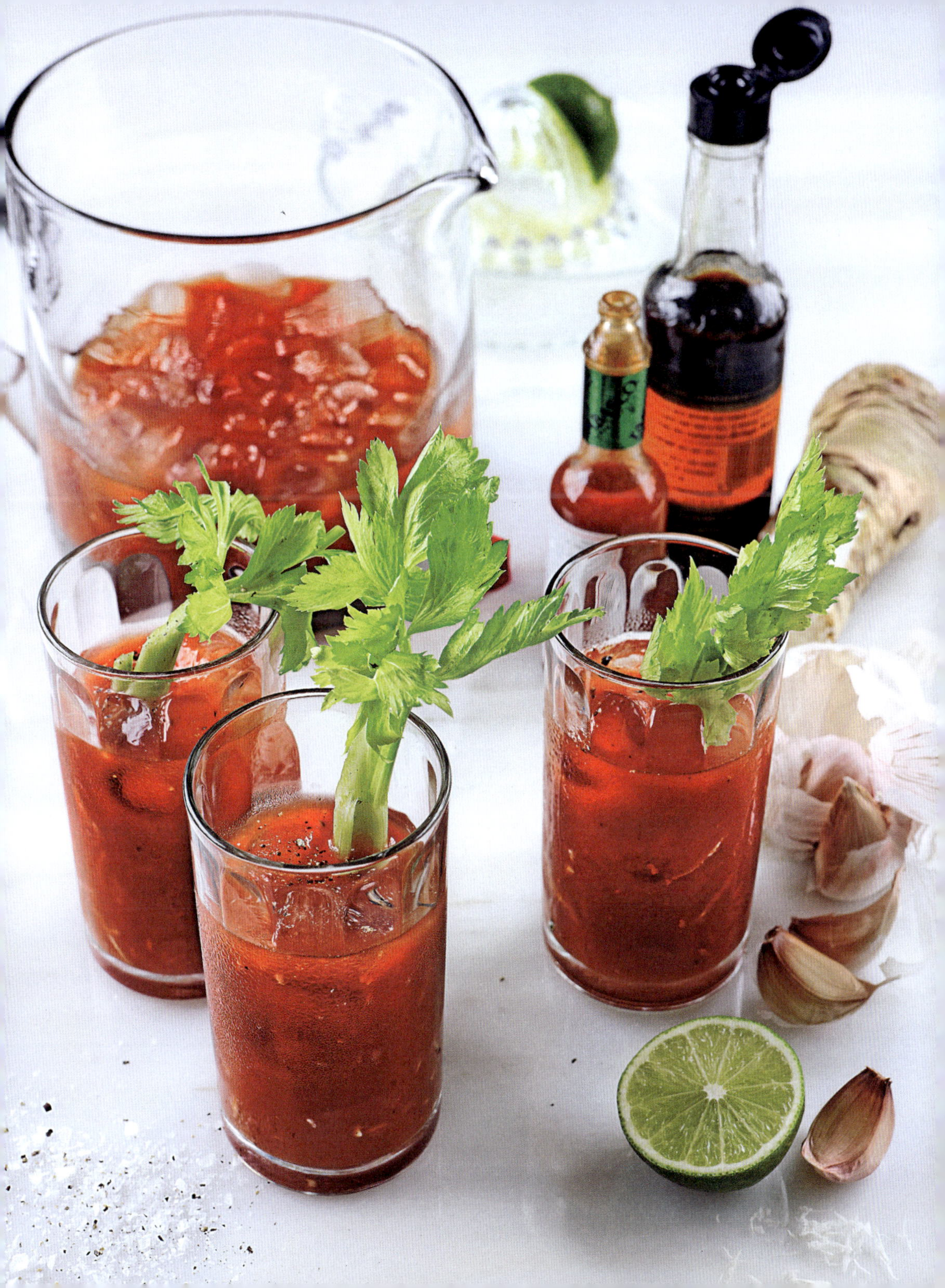

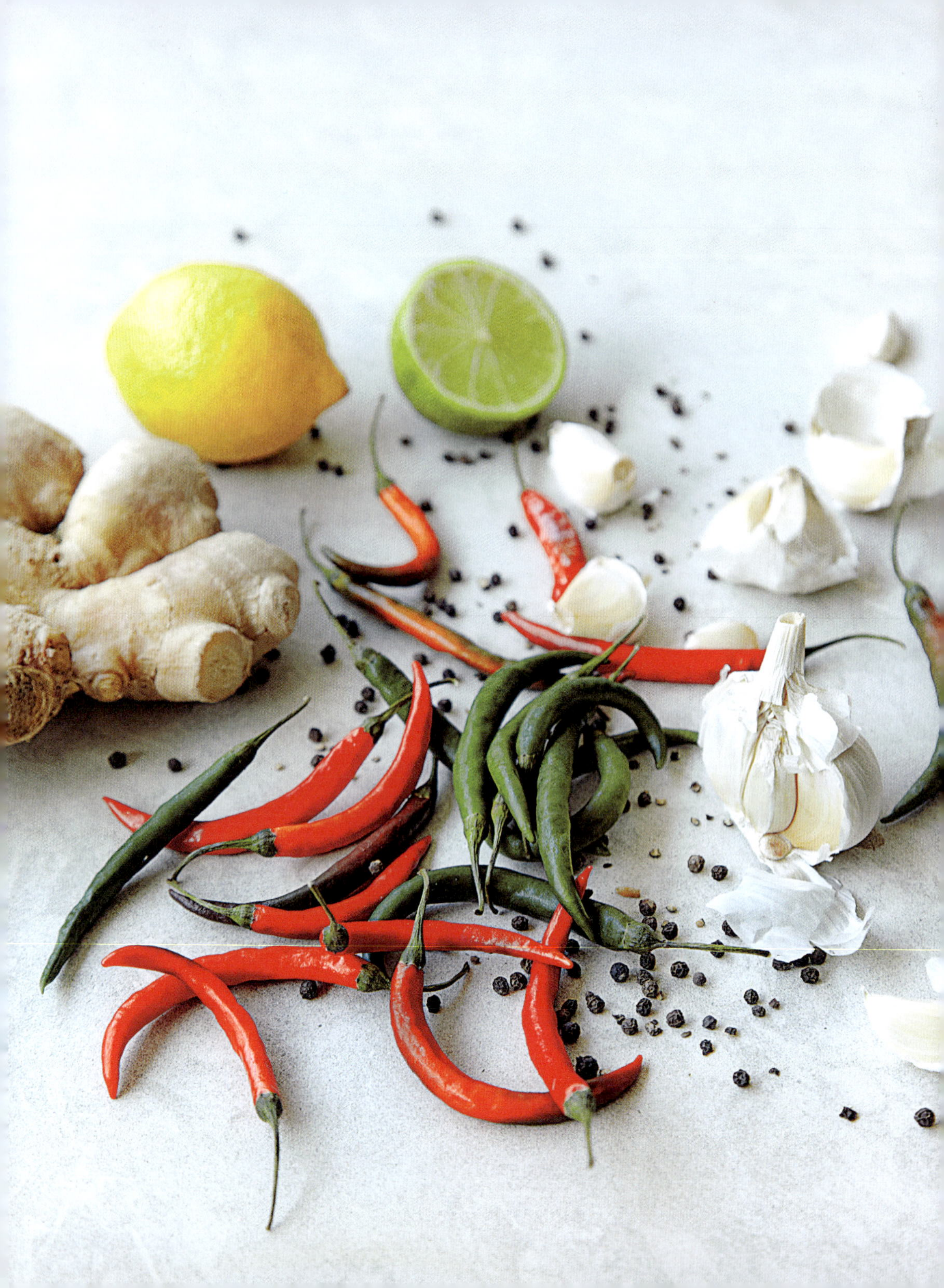

CANJA À MODA VIETNAMITA *SEM LATICÍNIOS

Revigorante, com pouca gordura e muito saborosa: adoro essa sopa em qualquer dia, mas ela é particularmente boa para quem está resfriado. Ajuste a quantidade de pimenta a gosto.

Rende 4 porções

- 750 ml de caldo de frango
- 1 sachê de sopa de missô instantânea
- 4 dentes de alho descascados
- 2,5 cm de gengibre descascado e cortado em palitos finos
- 1-2 pimentas-malaguetas sem sementes e fatiadas finamente
- 2 peitos de frango sem pele
- ½ colher (sopa) de óleo de girassol
- 100 g de macarrão com ovos para yakisoba
- 2 acelgas-chinesas picadas
- 1 colher (sopa) de molho de soja
- suco de ½ limão-taiti
- 2 cebolinhas picadas
- um punhado grande de coentro
- sal marinho e pimenta-do-reino moída na hora

1. Em uma panela, aqueça o caldo até começar a ferver. Retire do fogo e junte a sopa de missô, mexendo para dissolver. Enquanto ainda estiver quente, acrescente 2 dos dentes de alho picados ao caldo, o gengibre e a pimenta-malagueta. Tampe e deixe em infusão.

2. Com uma faca afiada, faça três ou quatro cortes fundos na superfície do frango. Pincele com o óleo e esfregue 1 dente de alho amassado sobre cada peito. Frite por alguns minutos para dourar dos dois lados, sem cozinhar por completo.

3. Coloque o frango sobre uma tábua de cozinha e corte-o em tiras. Transfira para a panela e acrescente o macarrão e a acelga-chinesa. Volte ao fogo por alguns minutos, até a carne e a massa ficarem cozidas.

4. Adicione o molho de soja e o suco de limão. Transfira imediatamente para tigelas grandes e finalize com um pouco de cebolinha e coentro. Sirva com hashis, para o macarrão, e uma colher, para o caldo saboroso.

SOPA PARA REFORÇAR A IMUNIDADE *VEGETARIANO *SEM LATICÍNIOS

Esse caldo claro faz maravilhas por quem está resfriado e é um método eficiente para aumentar a imunidade. A grande quantidade de alho pode surpreender, mas acredite: o sabor é fantástico. Símbolo de longevidade na Ásia, o shiitake é excelente fonte de selênio, um conhecido antioxidante que tem papel fundamental no reforço do sistema imunológico.

Rende 4 porções

- 30 g de cogumelos shiitake e porcini secos (se possível, acrescente um pouco de shiitake e shimeji-preto frescos)
- 1 colher (sopa) de azeite
- 1 cebola média bem picada
- 2,5 cm de gengibre descascado e ralado
- 1 cabeça de alho com os dentes descascados e amassados
- 1 tablete de caldo de legumes
- suco de 1 limão-siciliano
- sal marinho e pimenta-do-reino moída na hora

1. Em uma vasilha, despeje 250 ml de água fervente sobre a mistura de cogumelos e deixe hidratar por 10 minutos.

2. Enquanto isso, aqueça o azeite em uma panela com fundo grosso que possa ir ao forno. Junte a cebola, o gengibre e o alho amassado. Refogue em fogo baixo até ficar macio e aromático.

3. Acrescente os cogumelos hidratados, o líquido da vasilha, o cogumelo fresco, se for usar, o caldo de legumes e o suco de limão.

4. Tempere com sal e pimenta-do-reino. Cozinhe em fogo baixo, com a panela tampada, por pelo menos 2 horas. Uma alternativa é levar a panela ao forno baixo (cerca de 120°C). Tempere a gosto e sirva com pão crocante.

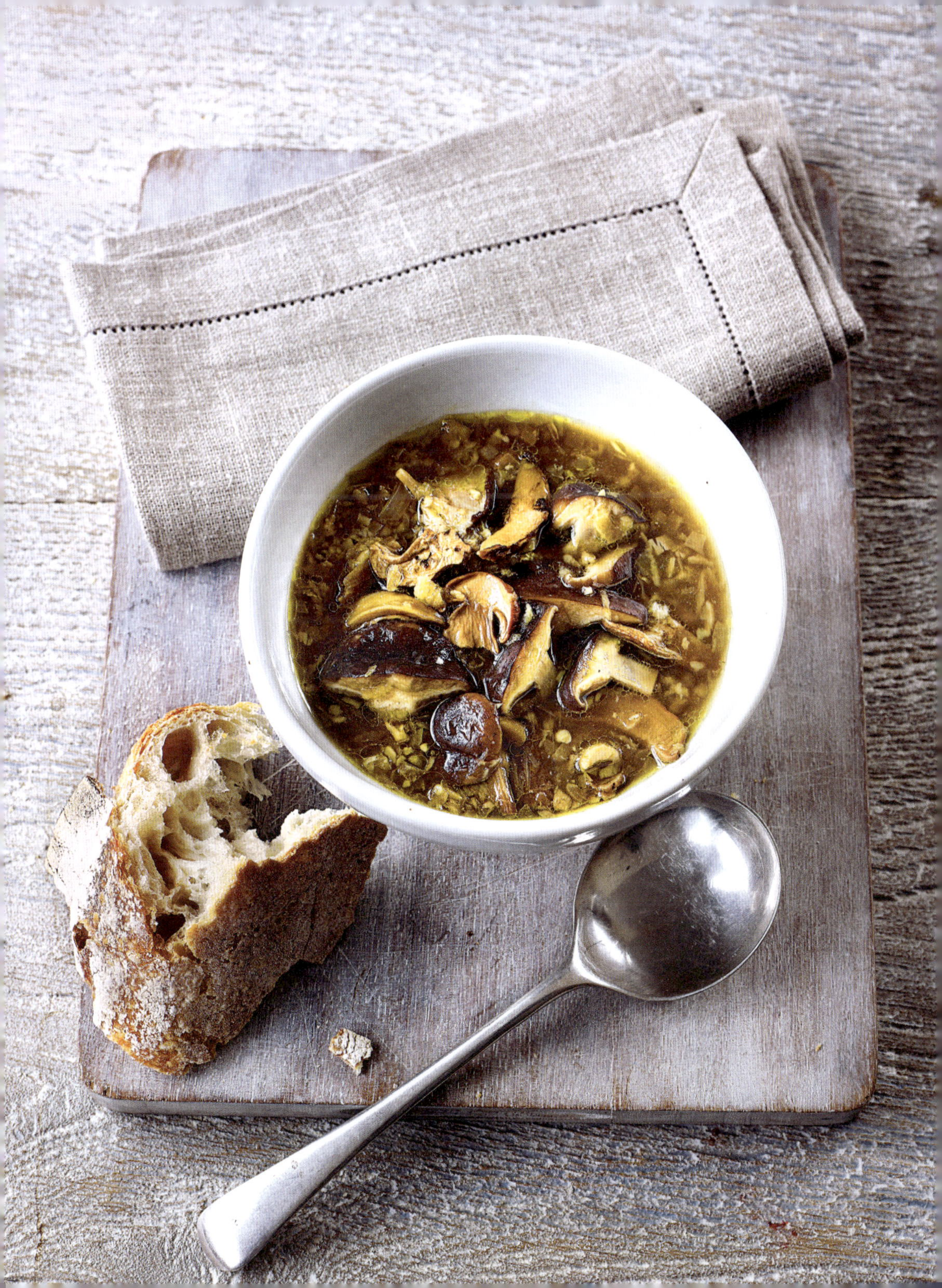

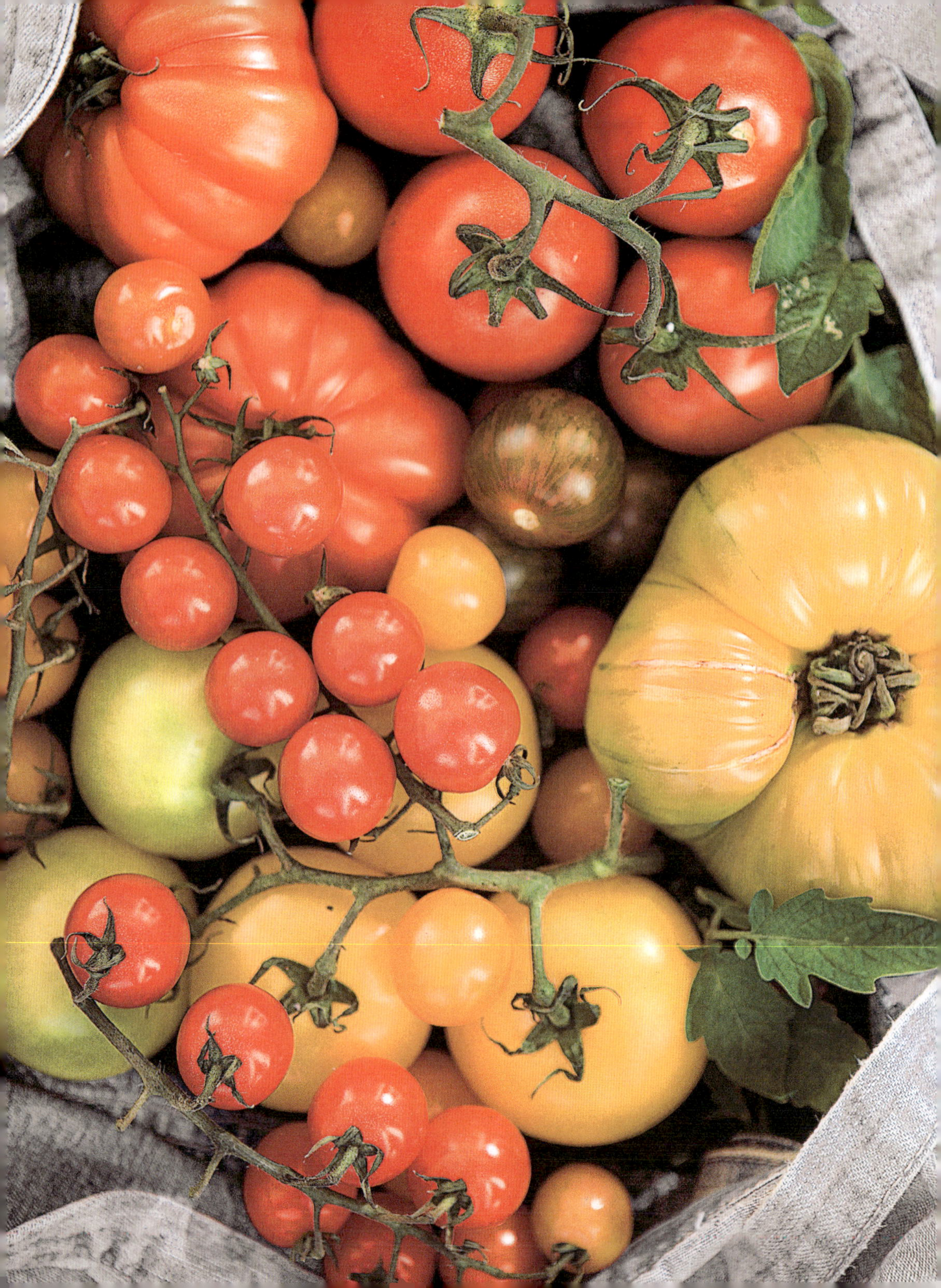

GASPACHO *VEGETARIANO *SEM LATICÍNIOS

Um almoço de verão é a oportunidade ideal para servir essa sopa fria, saborosa e refrescante. E como pode ser difícil incluir alho cru no cardápio, eis aqui uma boa ocasião. Se estiver muito calor, ou se você não tiver tempo de gelar a sopa, acrescente alguns cubos de gelo antes de servir, como fazem os espanhóis.

Rende 6 porções

1 kg de tomate bem maduro picado grosseiramente
2 cebolinhas picadas
3 dentes de alho descascados
1 pepino grande picado
75 ml de azeite
suco de 1 limão-siciliano
2 colheres (sopa) de vinagre de xerez [ou vinagre de vinho tinto]
um punhado de folhas de manjericão bem picadas
alguns ramos de salsa bem picados

Para finalizar
2 fatias de pão de fôrma cortadas em cubos
azeite, para fritar
½ pimentão vermelho cortado em cubos
pepino cortado em cubos [o que restou do passo 1]
sal e pimenta-do-reino moída na hora

1. Bata o tomate, a cebolinha, o alho e a maior parte do pepino (reserve um pouco para finalizar) no liquidificador, até ficar homogêneo. Passe por uma peneira fina para remover a maior parte da polpa.

2. Recoloque no liquidificador e, aos poucos, acrescente o azeite, o suco de limão e o vinagre, batendo para incorporar. Junte o manjericão e a salsa. Não bata as ervas por muito tempo – elas devem ficar picadas, sem se desmanchar. Leve à geladeira.

3. Faça croûtons fritando os cubos de pão em um pouco de azeite. Na hora de servir, tempere bem o gaspacho com sal e pimenta-do-reino, transfira para tigelas e finalize com os vegetais picados e os croûtons.

O segredo do gaspacho é usar tomates bem maduros de ótima qualidade. Se forem grandes, roliços e carnudos, melhor, pois têm menos sementes – mas qualquer tipo adocicado rende uma sopa saborosa.

BRUSCHETTA *VEGETARIANO *SEM LATICÍNIOS

Esse antepasto italiano clássico é um jeito simples e delicioso de incluir alho cru em sua alimentação. Qualquer pão fresco pode ser usado, embora eu prefira a ciabatta. E você pode acrescentar diferentes coberturas, como pesto, queijo, anchovas, embutidos ou vegetais grelhados.

Rende 4 porções

1 ciabatta pequena cortada em fatias diagonais de 2 cm
azeite extravirgem
4 dentes de alho descascados
6 tomates italianos bem maduros cortados em cubos pequenos
um punhado pequeno de folhas de manjericão picadas
sal marinho e pimenta-do--reino moída na hora

1. Pincele os dois lados das fatias de ciabatta com azeite e toste-as no grill elétrico ou frigideira canelada.

2. Enquanto o pão está quente, esfregue-o com os dentes de alho, cubra com o tomate e o manjericão e regue com azeite. Tempere bem com sal e pimenta-do-reino.

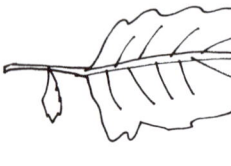

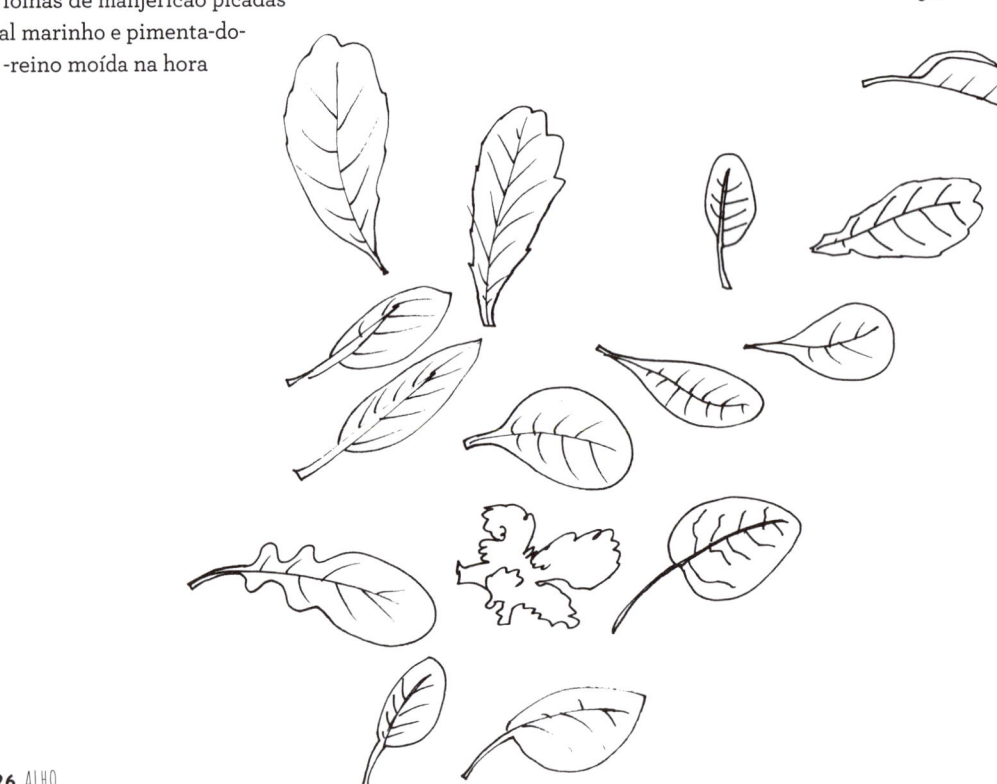

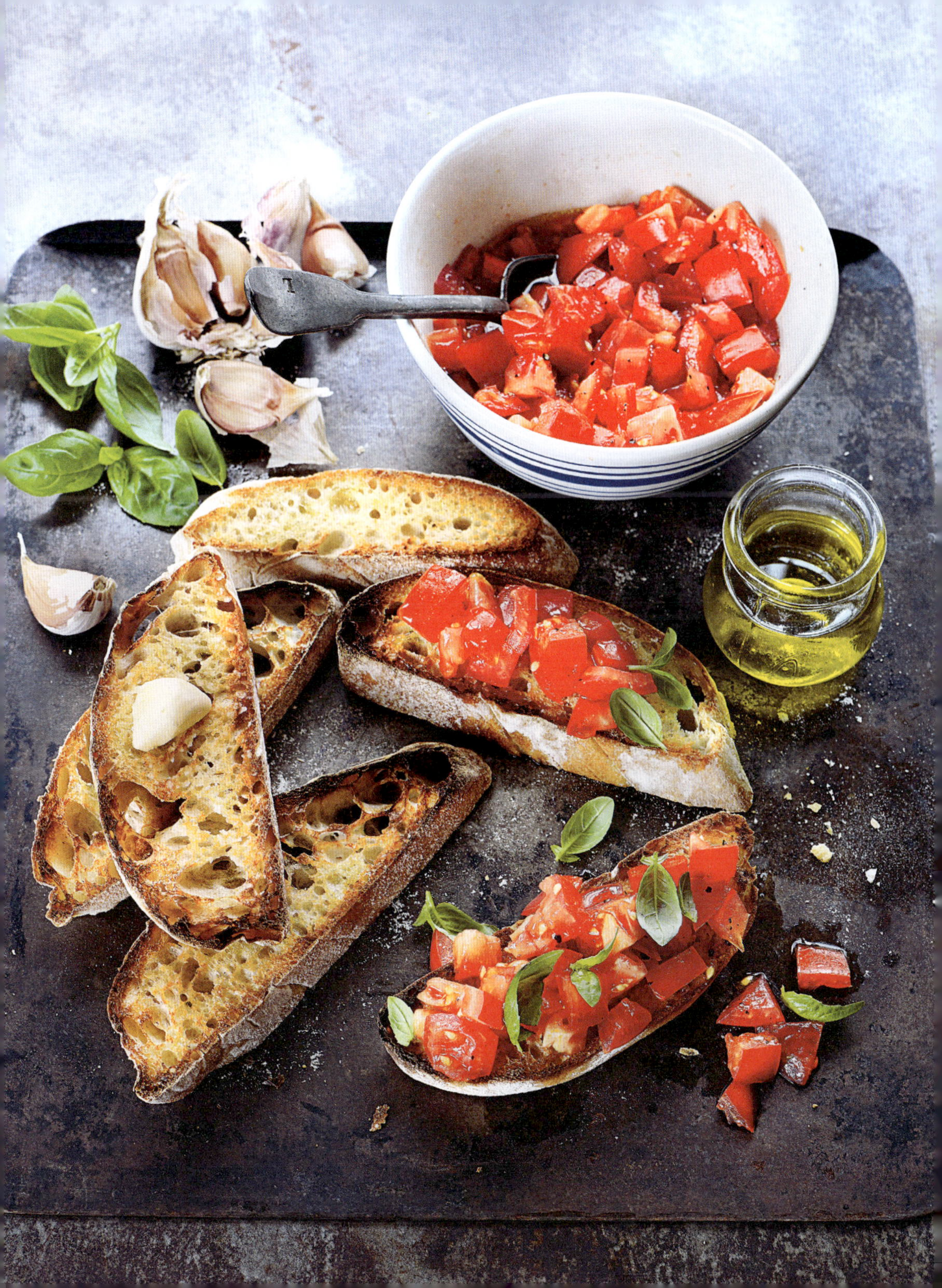

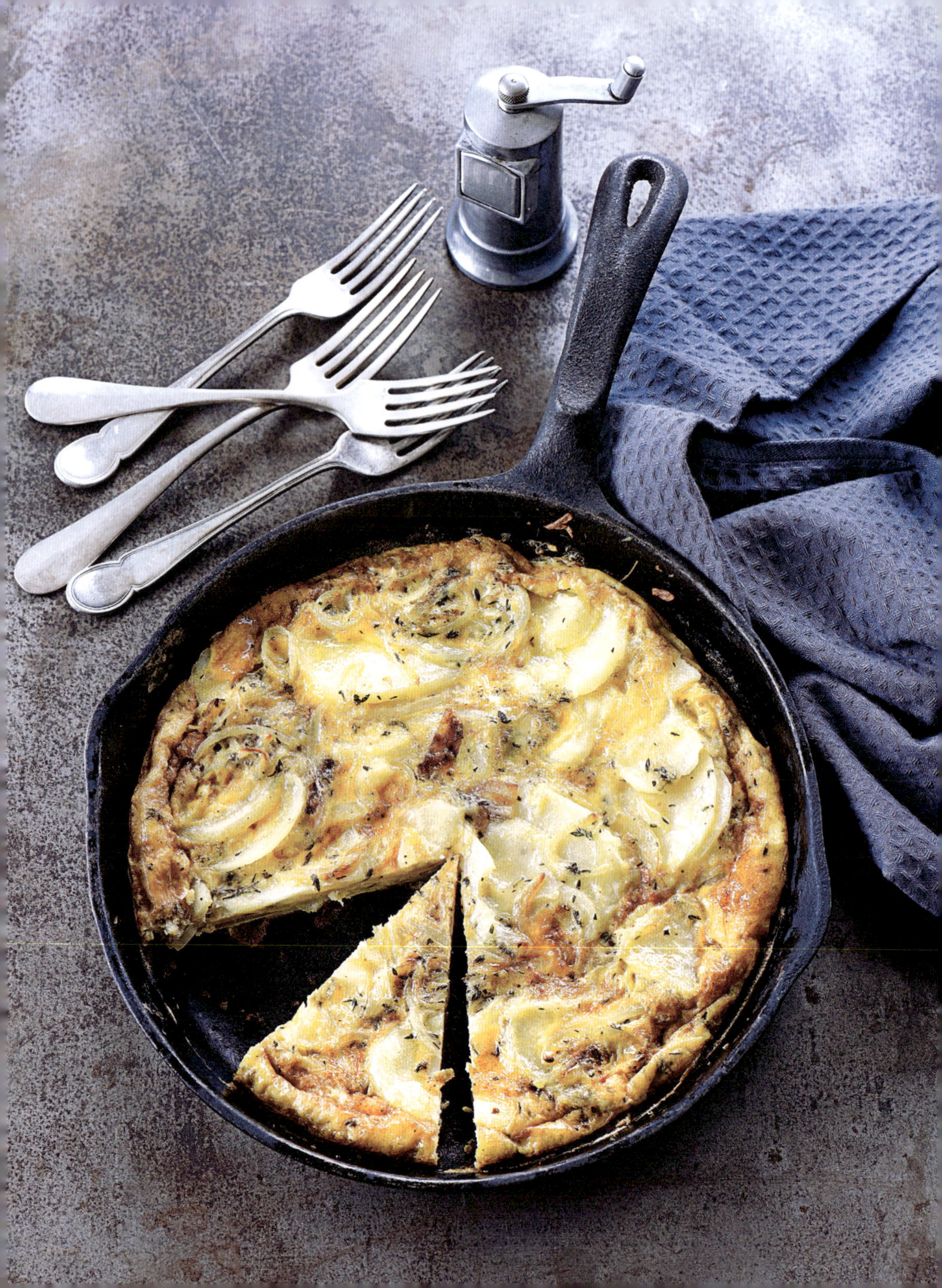

FRITTATA DE ALHO, CEBOLA E TOMILHO

* VEGETARIANO * SEM GLÚTEN

Essa omelete italiana saborosa pega emprestadas as batatas da tortilla espanhola e fica deliciosa como antepasto ou um jantar simples de domingo. Sirva com salada fresca e crocante regada com Vinagrete clássico (p. 78).

Rende 4 porções como prato principal ou 6 como antepasto

2 batatas grandes descascadas e cortadas em rodelas de 3 mm
2 colheres (sopa) de azeite
1 colher (sopa) cheia de manteiga
4 cebolas pequenas ou 2 grandes cortadas em rodelas bem finas
um punhado grande de folhas de tomilho, mais um pouco para finalizar
3 dentes de alho descascados e amassados
6 ovos
sal e pimenta-do-reino moída na hora

1. Em uma panela, ferva água com sal e cozinhe a batata por 3 minutos. Não cozinhe demais, ou as fatias vão se despedaçar na frigideira. Transfira para um escorredor, deixe dissipar o vapor e reserve.

2. Aqueça o azeite e a manteiga em uma frigideira antiaderente e que possa ir ao forno. Refogue a cebola por 5 minutos, mexendo de vez em quando. Junte o tomilho, o alho e uma pitada de sal; refogue por 2 minutos.

3. Acrescente a batata e misture com cuidado, para cobrir tudo com a gordura. Se necessário, adicione mais azeite. Refogue por 5 minutos em fogo médio.

4. Enquanto isso, bata os ovos com uma boa pitada de sal e pimenta-do-reino e verta-os na frigideira.

5. Mantenha em fogo baixo até começar a soltar dos lados e leve ao forno, para dourar um pouco. A frittata perfeita deve dourar por fora e ficar levemente macia por dentro.

6. Sirva na própria frigideira ou, caso se sinta confiante, deslize a frittata para um prato e finalize com ramos de tomilho.

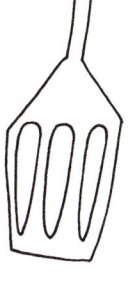

CAMARÃO AO ALHO COM AVOCADO *SEM GLÚTEN

Essa combinação deliciosa rende uma entrada ou um almoço bem fáceis.

Rende 4 porções

1-2 colheres (sopa) de manteiga
500 g de camarão fresco limpo e descascado
3 dentes de alho descascados e amassados
1 colher (sopa) de molho de pimenta doce (sweet chilli)
2 avocados* maduros cortados ao meio e descascados
suco de 1 limão-siciliano
sal e pimenta-do-reino moída na hora
um punhado de cebolinha-francesa bem picada, para finalizar

1. Aqueça a manteiga em uma frigideira com fundo grosso ou wok em fogo alto. Junte o camarão e o alho e refogue, mexendo até o camarão ficar cozido. Acrescente o molho de pimenta e misture.

2. Coloque metade de um avocado em cada prato e cubra com o camarão. Regue com suco de limão, tempere com sal e pimenta-do-reino e finalize com a cebolinha-francesa picada.

* Se não encontrar, pode usar 1 abacate grande.

BOLINHO DE ABOBRINHA *VEGETARIANO

Essa receita fica melhor com abobrinhas bem frescas, que soltam menos água. Se parecer aguada depois de ralar, polvilhe com sal e reserve por 15 minutos. Embrulhe em um pano de prato limpo e esprema sobre a pia para retirar o excesso de líquido. (foto p. 33)

Rende 4 porções como entrada

2 abobrinhas médias raladas
100 g de muçarela de búfala ralada
um punhado de folhas de hortelã bem picadas
2 dentes de alho descascados e amassados
4 colheres (sopa) de farinha de trigo
2 colheres (sopa) de azeite
molho de pimenta doce (sweet chilli), para servir
sal e pimenta-do-reino moída na hora

1. Coloque a abobrinha, a muçarela e a hortelã em uma vasilha grande. Junte o alho, tempere com sal e pimenta-do-reino e misture.

2. Acrescente a farinha e 1 colher (sopa) de azeite; misture até obter uma massa. Se parecer muito úmida, adicione mais farinha. Modele os bolinhos do tamanho de uma bola de golfe e achate-os.

3. Aqueça o azeite restante em uma frigideira antiaderente em fogo médio. Frite os bolinhos por 2-3 minutos de cada lado, até dourarem.

4. Sirva imediatamente, com molho de pimenta doce.

Para potencializar os benefícios medicinais do alho, reserve os dentes amassados por cerca de 10 minutos antes de usar. É o tempo necessário para a aliina se converter em alicina enquanto a enzima ainda está ativa.

BOLINHO DE ALHO E BETERRABA
✻ VEGETARIANO

Esses bocados adocicados e deliciosos de cor vibrante são uma ótima entrada para servir com molho tzatziki recém-preparado. Aumente a quantidade e sirva como petiscos de festa.

Rende 12 unidades pequenas

1 colher (sobremesa) de semente de cominho
4 beterrabas grandes descascadas e raladas
4 colheres (sopa) de farinha de trigo, mais um pouco para modelar
2 dentes de alho descascados e amassados
3 colheres (sopa) de azeite
uma receita de Tzatziki (p. 80), para servir
sal e pimenta-do-reino moída na hora

1. Aqueça uma frigideira e toste as sementes de cominho em fogo alto por 2 minutos, para liberar o aroma.

2. Em uma vasilha, misture a beterraba, a farinha, o cominho tostado e o alho. Tempere com sal e pimenta-do-reino.

3. Misture os ingredientes com as mãos, apertando para incorporar a farinha.

4. Com as mãos úmidas, modele pequenos bolinhos. (Isso pode dar um pouco de trabalho, mas não se preocupe; a beterraba vai manter a forma na hora de fritar.) Passe os bolinhos na farinha de trigo para cobri-los.

5. Aqueça o azeite em uma frigideira antiaderente em fogo médio. Com cuidado, frite os bolinhos dos dois lados, até ficarem crocantes. Retire e escorra sobre papel-toalha, para eliminar o excesso de gordura.

6. Sirva imediatamente com o molho tzatziki.

Para uma refeição mais formal, experimente servir esses bolinhos em pratos individuais, regados com o tzatziki e uma salada de agrião ao lado. Os sabores se harmonizam perfeitamente e o visual é lindo.

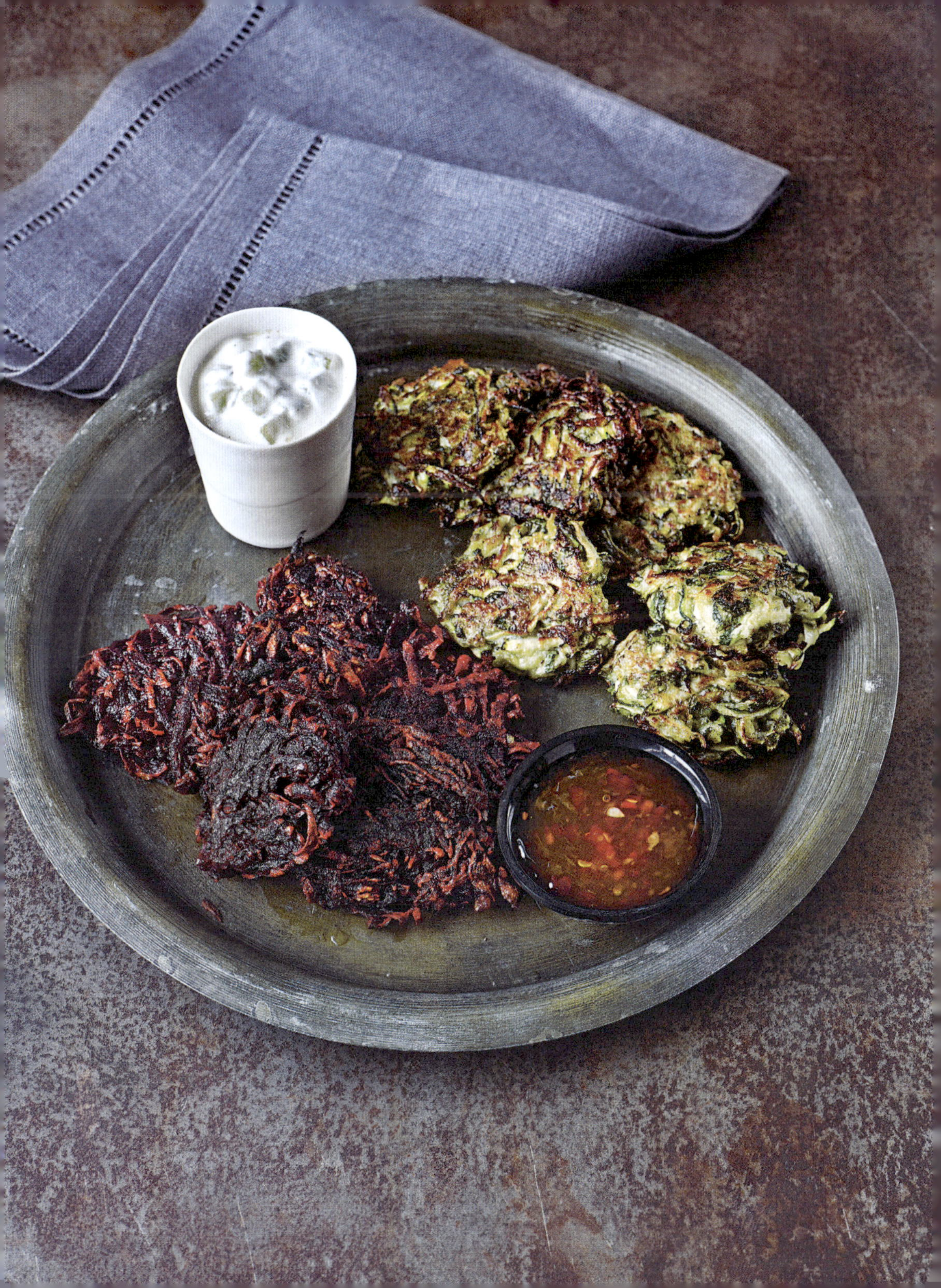

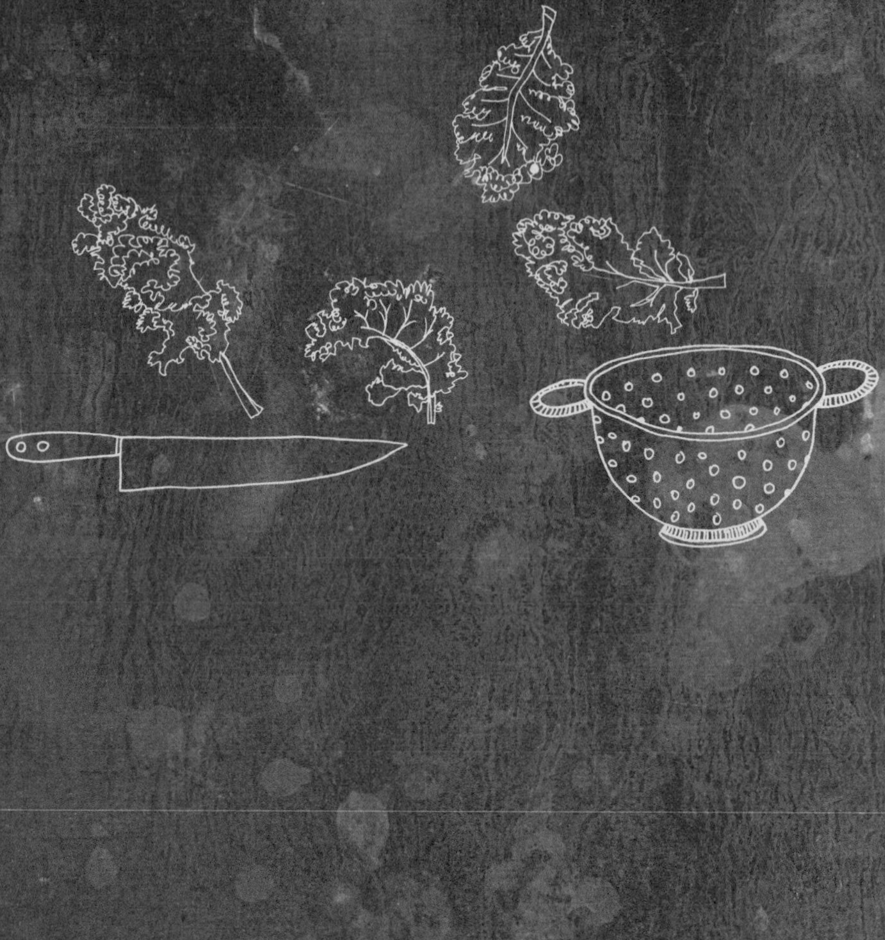

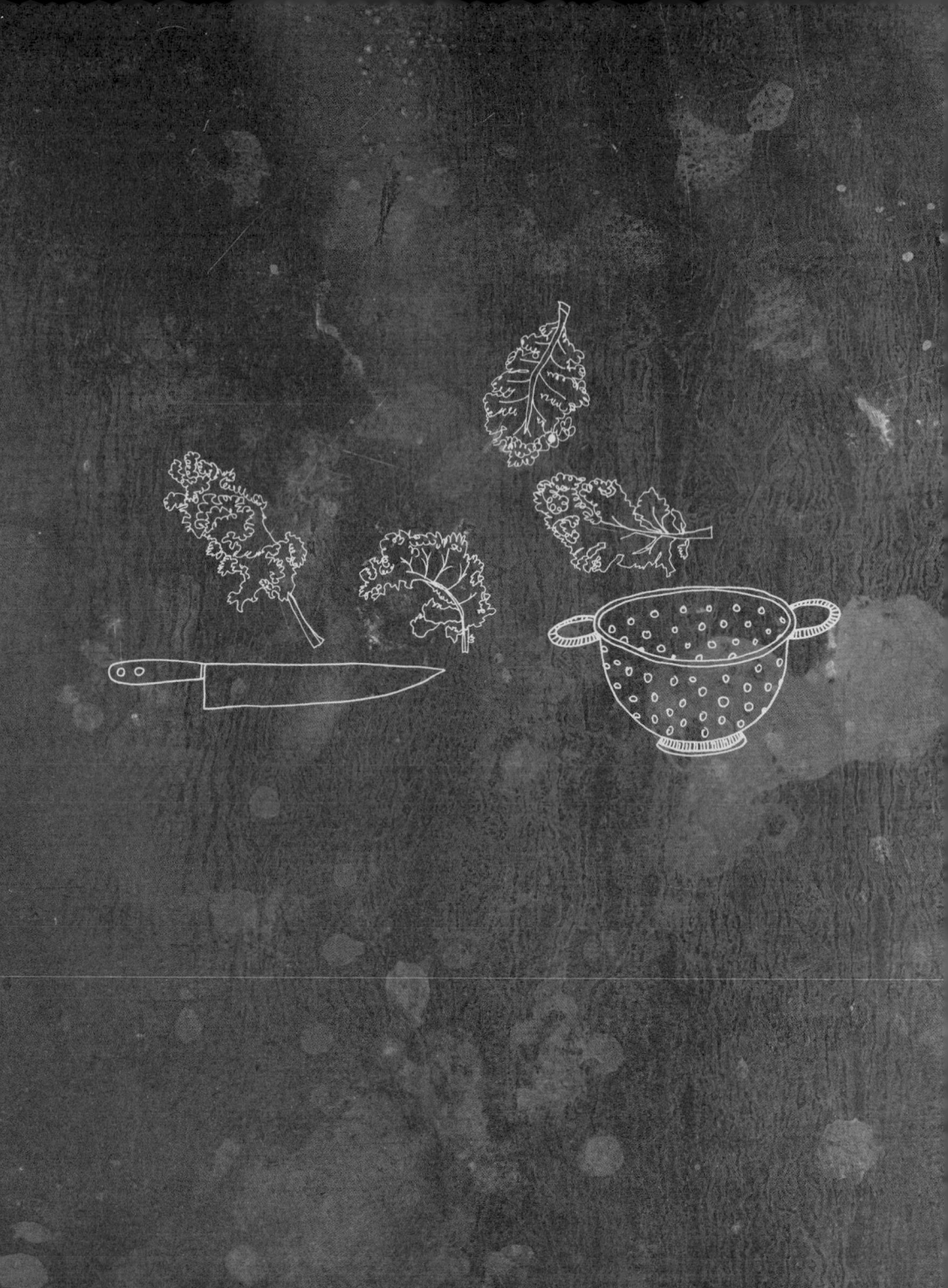

ACOMPANHAMENTOS E SALADAS

BATATA GRATINADA COM ALHO DEFUMADO

*VEGETARIANO *SEM GLÚTEN

Morei em Paris por alguns anos e dividi o apartamento com uma canadense que estava escrevendo um livro de culinária francesa. Dei a ela um pouco de alho defumado da nossa fazenda, e a garota enlouqueceu criando uma receita de gratinado. Como é difícil dizer se o produto defumado traz ou não benefícios para a saúde, você pode substituí-lo por alho comum. Também fica maravilhoso.

Rende 4-6 porções

- 1 kg de batata cerosa [monalisa ou ágata] cortada em rodelas bem finas
- 1 colher (chá) de noz-moscada ralada na hora
- 1 cabeça de alho defumado ou 3-4 dentes de alho comum descascados
- 500 ml de leite integral (ou misturado com creme de leite)
- 50 g de manteiga em lascas
- sal marinho e pimenta-do-reino moída na hora

1. Preaqueça o forno a 190°C.

2. Coloque metade da batata em um refratário grande. Cubra com uma camada de temperos e, por cima, rale os dentes de alho.

3. Espalhe por igual a batata restante. Tempere novamente, regue com o leite e distribua as lascas de manteiga.

4. Asse por 1-1h30, até todo o líquido ser absorvido e gratinar.

5. Sirva com assados e verduras.

Esse prato é a maior representação da *comfort food*. Não apresse as coisas: o segredo está em cozinhar lentamente. Verifique na metade do tempo e, se necessário, empurre a batata para baixo, para que o leite borbulhe por cima. Quando dourar e estiver crocante, é porque o prato está pronto.

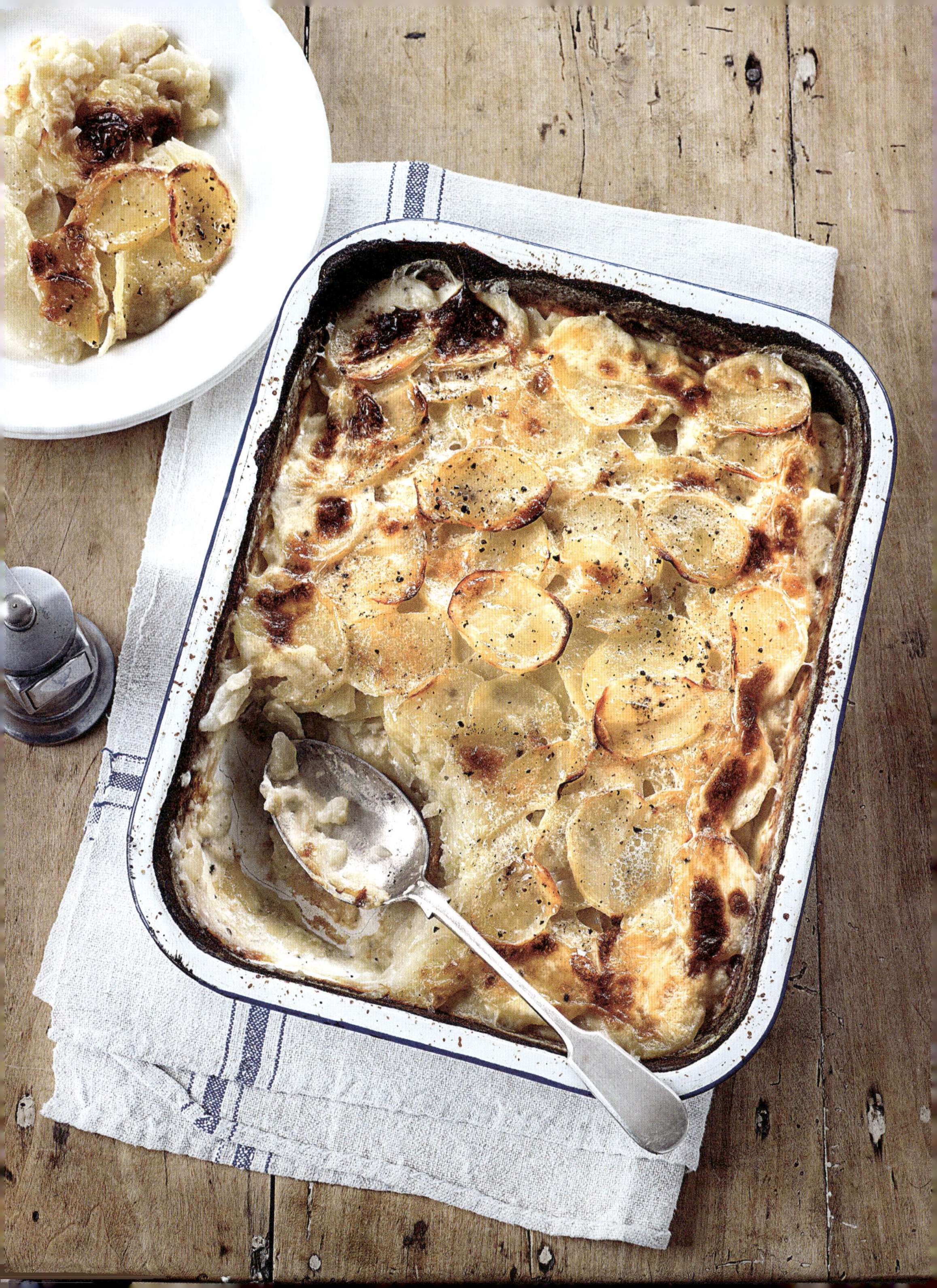

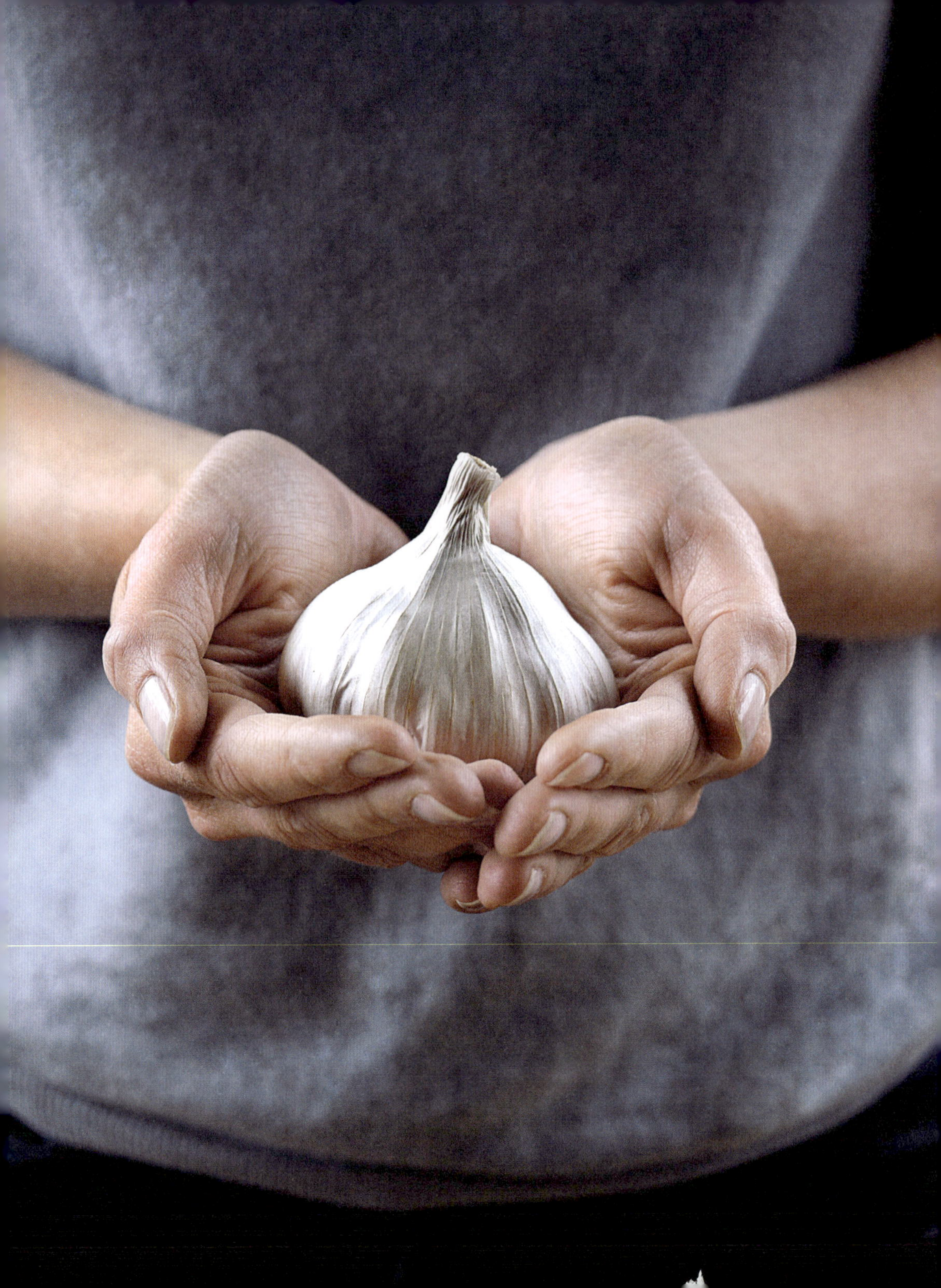

BATATA ASSADA COM ALHO *VEGETARIANO *SEM LATICÍNIOS *SEM GLÚTEN

Batata assada gostosa é para comer até dizer chega – e quando você experimentar essa variação simples... bem, terá que dizer chega duas vezes!

Rende 4-6 porções

1 kg de batata-bolinha
4 colheres (sopa) de azeite
1 limão-siciliano cortado ao meio, suco de uma das metades
folhas de alguns ramos de alecrim
1 cabeça grande de alho separada em dentes com a casca
sal e pimenta-do-reino moída na hora

1. Preaqueça o forno a 200°C.

2. Em uma panela grande, ferva água com sal. Cozinhe a batata em fogo baixo por cerca de 7 minutos, ou até parecer macia quando espetada com uma faca.

3. Escorra e corte-as ao meio. Recoloque na panela, tampe e chacoalhe, para alisar as bordas. Junte o azeite, sal e pimenta-do-reino, o suco de meio limão e as folhas de alecrim.

4. Espalhe as batatas em uma assadeira e distribua os dentes de alho entre elas. Acrescente as metades do limão e asse por 40 minutos, ou até a batata dourar e ficar crocante. Descarte o limão antes de servir.

BRÓCOLIS PICANTES

*VEGETARIANO *SEM LATICÍNIOS

Você pode servir essa receita com noodles ou como acompanhamento para frango grelhado.

Rende 4 porções

600 g de brócolis ramoso ou couve crespa [ou couve-manteiga]
1 colher (chá) cheia de gergelim
½ colher (sopa) de azeite
½ colher (sopa) de óleo de gergelim
5 dentes de alho descascados e fatiados
2,5 cm de gengibre fatiado
1 pimenta-malagueta sem sementes e picada
1 colher (sopa) de vinagre de vinho branco
1 colher (sopa) de molho de soja light

1. Em uma panela grande, ferva água com sal e cozinhe os brócolis por 3-4 minutos. Escorra e reserve.

2. Enquanto isso, aqueça uma frigideira pequena e toste o gergelim em fogo médio, por cerca de 2 minutos, até começar a "estourar". Reserve.

3. Em outra frigideira, aqueça o azeite e o óleo de gergelim em fogo médio. Abaixe o fogo e refogue o alho, o gengibre e a pimenta por 2 minutos.

4. Acrescente os brócolis e misture bem. Adicione o vinagre e o molho de soja e refogue por mais 2 minutos.

5. Espalhe o gergelim tostado e sirva.

O alho é uma excelente alternativa para quem quer reduzir o consumo de sódio: deixa a comida com um sabor marcante e, por isso, não é preciso usar tanto sal.

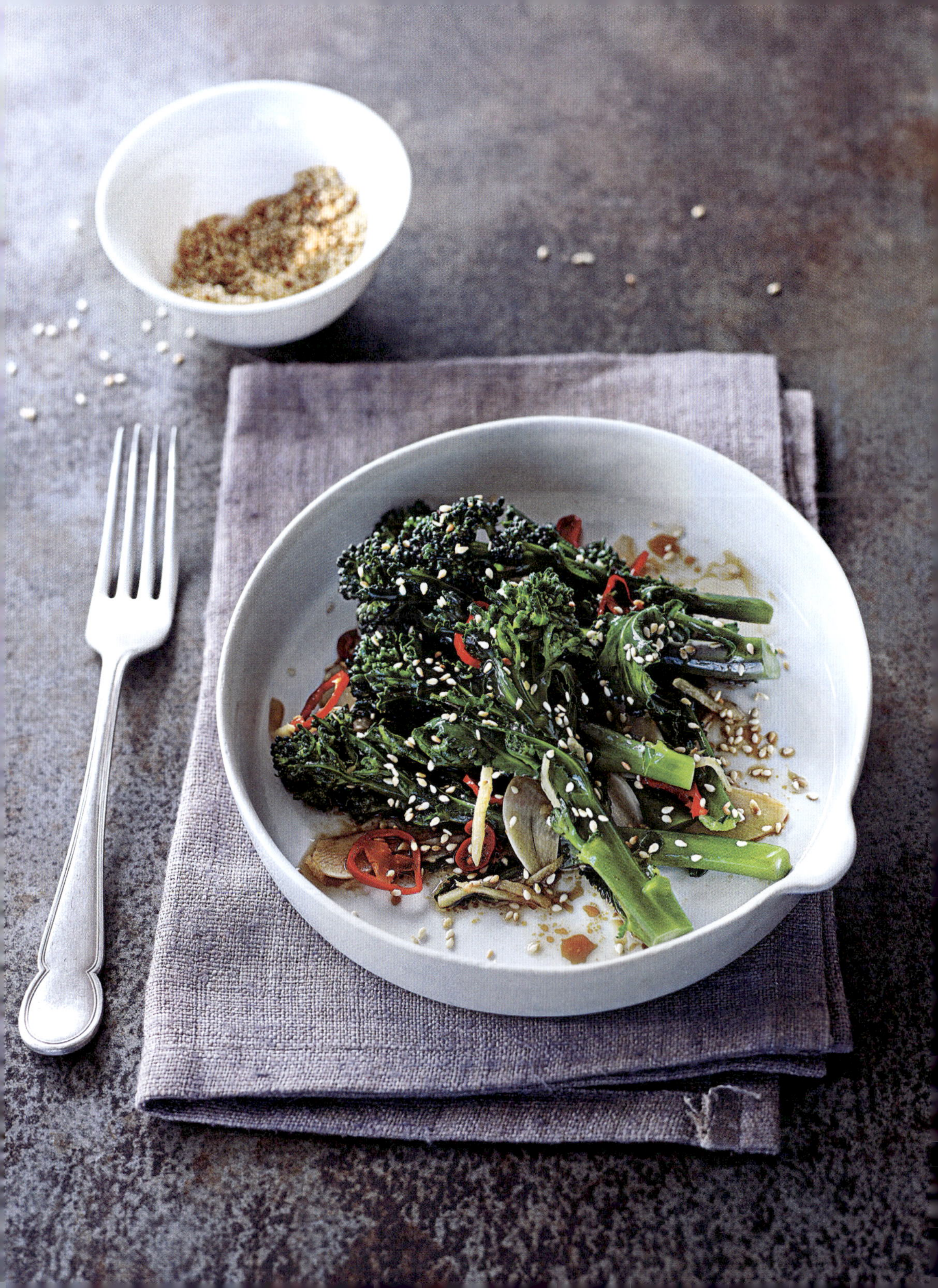

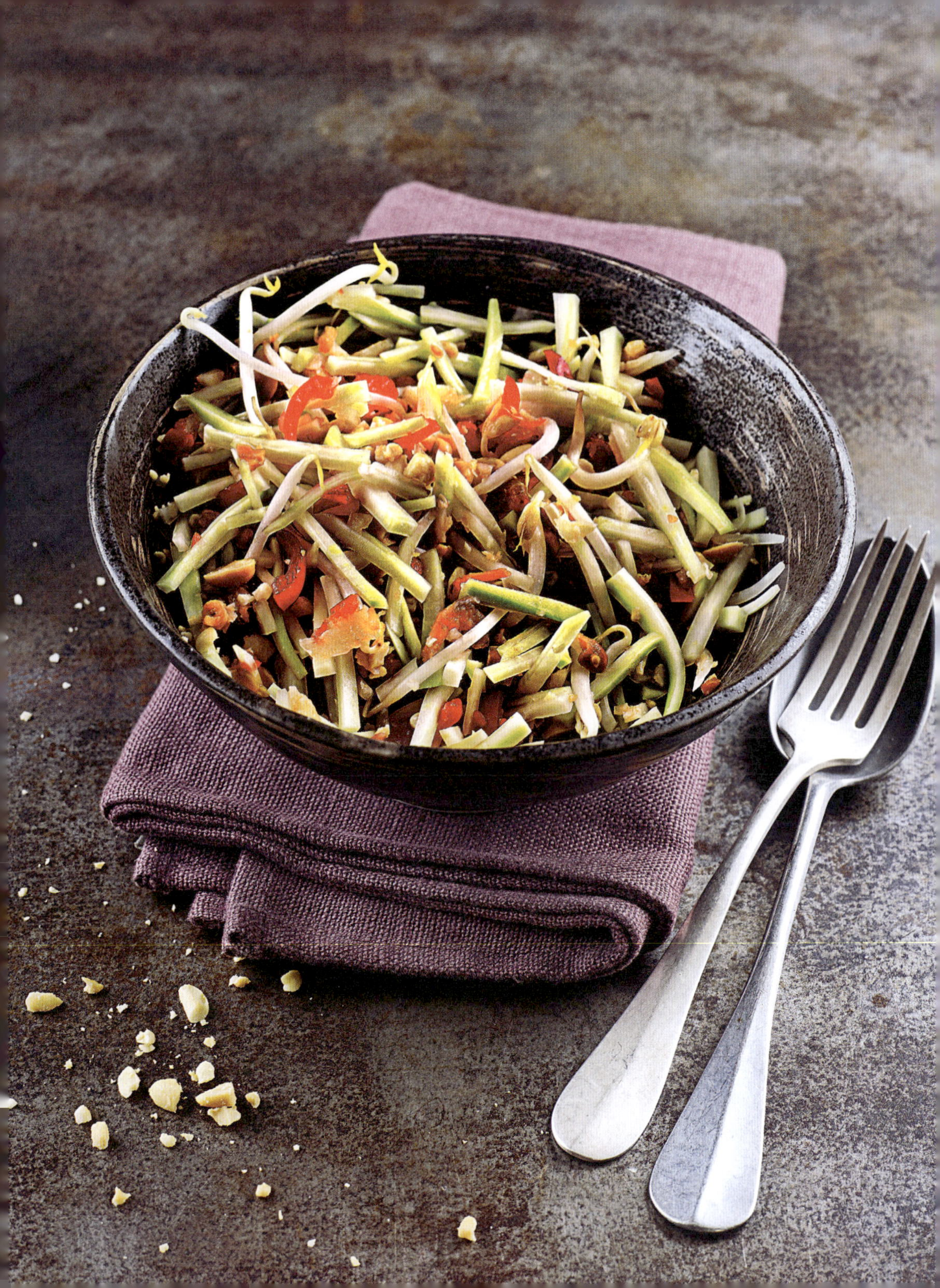

SOM TAM *sem laticínios

Qualquer pessoa que tenha visitado a Tailândia já encontrou essa salada fantástica, refrescante e picante, feita de papaia verde. É difícil reproduzir os sabores com exatidão, mas essa receita chega perto. Use sempre papaia bem verde, nunca o maduro.

Rende 4 porções

1 papaia verde grande descascado e sem sementes (ou 1 manga verde ou 1 pepino firme sem sementes)
5 dentes de alho descascados
3 pimentas-malaguetas bem picadas
uma pitada grande de sal
1 colher (chá) de camarão seco ou pasta de camarão
1 colher (sopa) de molho de peixe [nam pla]
suco de 2 limões-taiti
1 colher (sopa) de açúcar
4 tomates-cereja picados
3 colheres (sopa) cheias de broto de feijão
4 colheres (sopa) de amendoim triturado

1. Corte o papaia em palitos compridos e finos.

2. Bata o alho, a pimenta e o sal com um pilão. Junte um punhado pequeno do papaia e o camarão seco. Bata levemente, até soltar um pouco de sumo.

3. Transfira para uma vasilha e acrescente os ingredientes restantes – reserve um pouco do amendoim para espalhar antes de servir.

O frescor dos ingredientes crus não apenas dá ao prato uma bela textura crocante e um sabor delicioso, mas também uma boa dose de nutrição. É uma alternativa leve para o almoço, muito fácil de preparar e bastante satisfatória.

SALADA MORNA DE LENTILHA E HALLOUMI

* VEGETARIANA * SEM GLÚTEN

Essa é minha ideia do paraíso. O halloumi nunca decepciona nessa receita rápida e fácil para um almoço delicioso, saudável e satisfatório.

Rende 4 porções

150 g de lentilha puy [ou lentilha vermelha]
1 colher (chá) de caldo de legumes*
½ cebola roxa cortada em rodelas finas
1 pimenta-malagueta verde sem sementes e fatiada
3 colheres (sopa) de azeite
2 dentes de alho descascados e amassados
250 g de halloumi fatiado [ou outro queijo de cabra firme ou queijo de coalho]
2 abobrinhas pequenas cortadas em tiras com um descascador de legumes
50 g de semente de romã
um punhado de folhas e talos de coentro picados
sal marinho e pimenta-do-reino moída na hora

1. Cubra a lentilha com água fria e leve ao fogo até ferver. Junte o caldo de legumes e cozinhe por 15-20 minutos, ou até ficar macia. Escorra bem.

2. Enquanto a lentilha ainda está morna, transfira para uma vasilha grande. Acrescente a cebola, a pimenta, 2 colheres (sopa) de azeite e o alho; misture bem.

3. Em uma frigideira, aqueça 1 colher (sopa) de azeite em fogo médio. Frite o halloumi dos dois lados, até dourar. Adicione a abobrinha, as sementes de romã e o coentro à lentilha. Tempere a gosto com sal e pimenta-do-reino.

4. Finalize a salada com as fatias de halloumi e sirva.

* Para ter sempre um caldo de legumes saboroso, sem glúten e saudável, cozinhe cenoura, aipo, gengibre temperados com sal e pimenta-do-reino (e outras especiarias que gostar) por cerca de 1 hora. Deixe esfriar, coe e utilize na hora ou congele em fôrmas de gelo.

Você pode incluir alho em quase qualquer salada, seja no molho, seja em fatias finas levemente fritas, espalhadas sobre os ingredientes. Tome cuidado para não queimar, ou o alho ficará amargo.

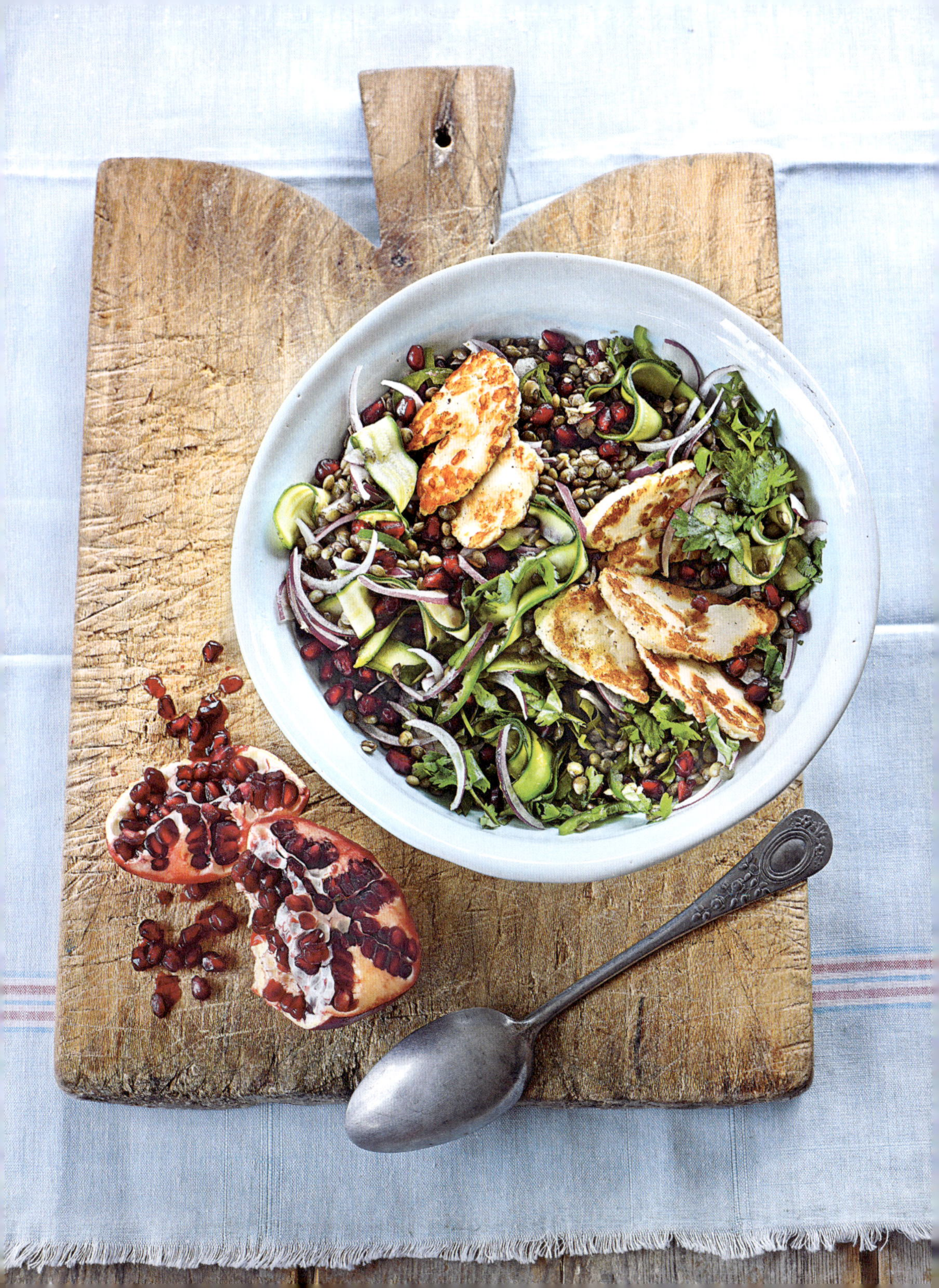

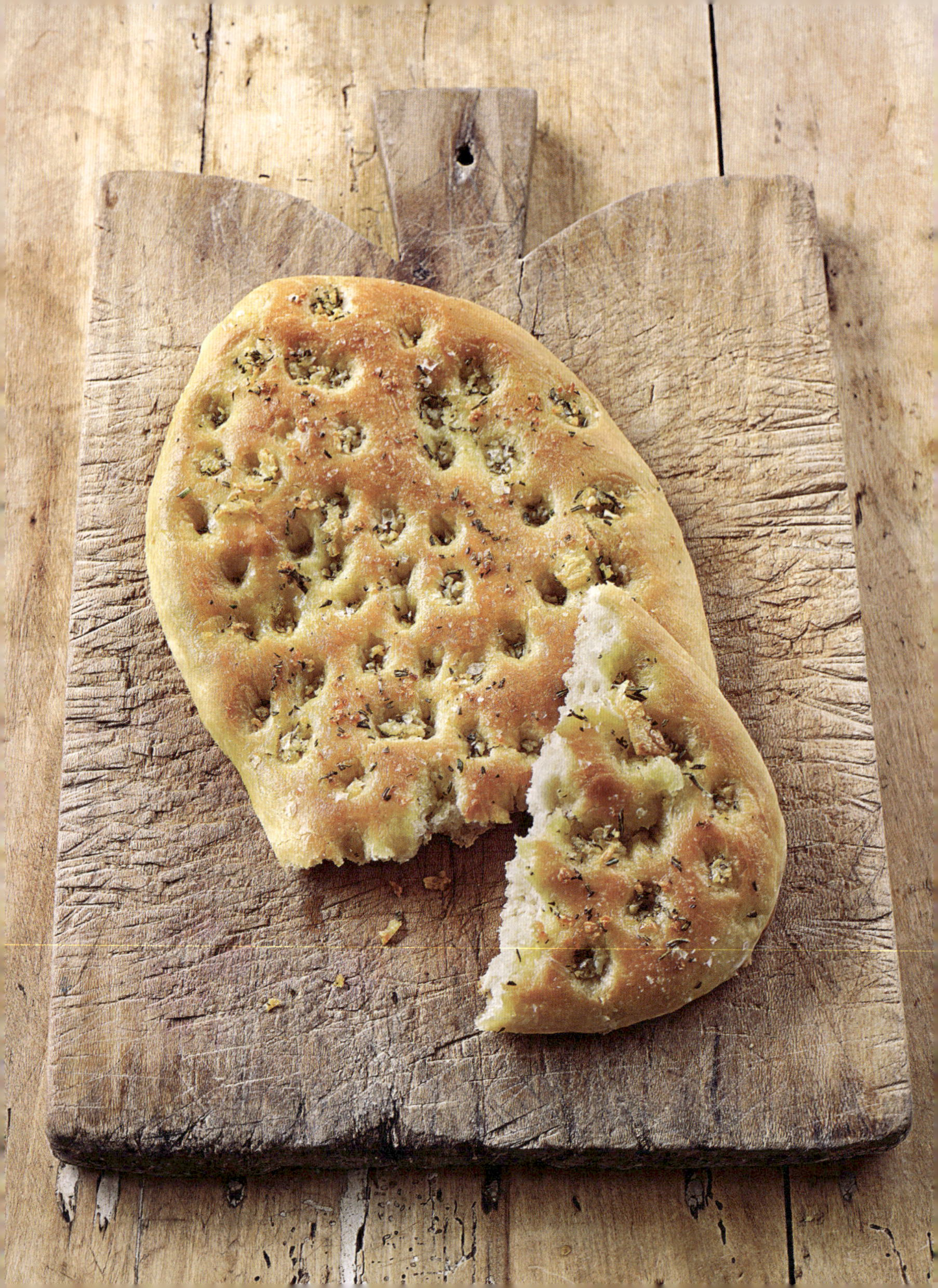

FOCACCIA DE ALHO E ALECRIM *VEGETARIANO *SEM LATICÍNIOS

Focaccia é muito fácil de preparar e faz sucesso com toda a família. Meus filhos devoram.

Rende 1 unidade grande ou 2 médias

400 g de farinha de trigo, mais um pouco para polvilhar
7 g de fermento biológico instantâneo
1 colher (chá) de sal
400 ml de água morna
1-2 colheres (chá) de mel ou açúcar
4 colheres (sopa) de azeite, mais um pouco para untar
4 dentes de alho descascados e amassados
folhas de 3 ramos de alecrim bem picadas
sal marinho

1. Coloque a farinha, o fermento e o sal em uma vasilha grande. Faça uma cova no centro.

2. Encha uma jarra medidora com cerca de 300 ml de água morna. Misture o mel e 2 colheres (sopa) de azeite. Despeje a maior parte do líquido sobre a farinha, mexendo com uma colher de pau ou com os dedos, para formar a massa. Se necessário, acrescente um pouco mais de água, até ficar macia e levemente úmida, fácil de trabalhar.

3. Transfira para uma superfície levemente enfarinhada e sove por pelo menos 10 minutos, até ficar elástica e homogênea.

4. Lave, seque e unte a vasilha. Recoloque a massa na vasilha e cubra com filme de PVC untado. Deixe crescer em local aquecido até dobrar de tamanho.

5. Preaqueça o forno a 200°C.

6. Quando a massa tiver crescido, coloque em uma superfície enfarinhada e modele um ou dois pães ovais e chatos. Transfira para uma assadeira e deixe crescer por 20 minutos.

7. Enquanto isso, coloque em uma tigela pequena 2 colheres (sopa) de azeite, o alho e o alecrim; misture bem.

8. Quando a massa crescer, faça furinhos na superfície usando os dedos e regue com o azeite temperado, fazendo com que penetre nos buracos.

9. Polvilhe com bastante sal marinho e asse por 30 minutos, ou até dourar e a focaccia parecer oca quando você bater no fundo. Transfira para uma grade e deixe esfriar.

Descobri, por experiência, que incluir alho na massa do pão pode impedir que ela cresça. Essa receita evita essa armadilha usando alho na cobertura.

PÃO DE ALHO COM QUEIJO • VEGETARIANO

Alho e pão podem ser combinados de diversas formas. Tentamos várias delas na fazenda e posso garantir que essa desaparece da mesa mais rápido do que um raio.

Rende 1 unidade

100 g de manteiga
3-4 dentes de alho grandes descascados
100 g de muçarela de búfala
100 g de cheddar inglês maturado
um punhado de ervas frescas – salsa, manjericão, manjerona e orégano vão bem
1 baguete fresca cortada na diagonal em intervalos de 4-5 cm
páprica, para polvilhar

1. Preaqueça o forno a 200°C.

2. Coloque todos os ingredientes, exceto a baguete e a páprica, no liquidificador ou processador. Bata para incorporar.

3. Espalhe generosamente essa pasta entre as fatias do pão. Embrulhe a baguete em papel-alumínio, sem apertar muito, e leve ao forno por 20-25 minutos, até o recheio derreter.

4. Retire do forno, abra o papel-alumínio e polvilhe com a páprica. Com o papel aberto, leve de volta ao forno por alguns minutos, até dourar.

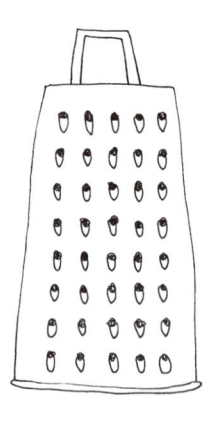

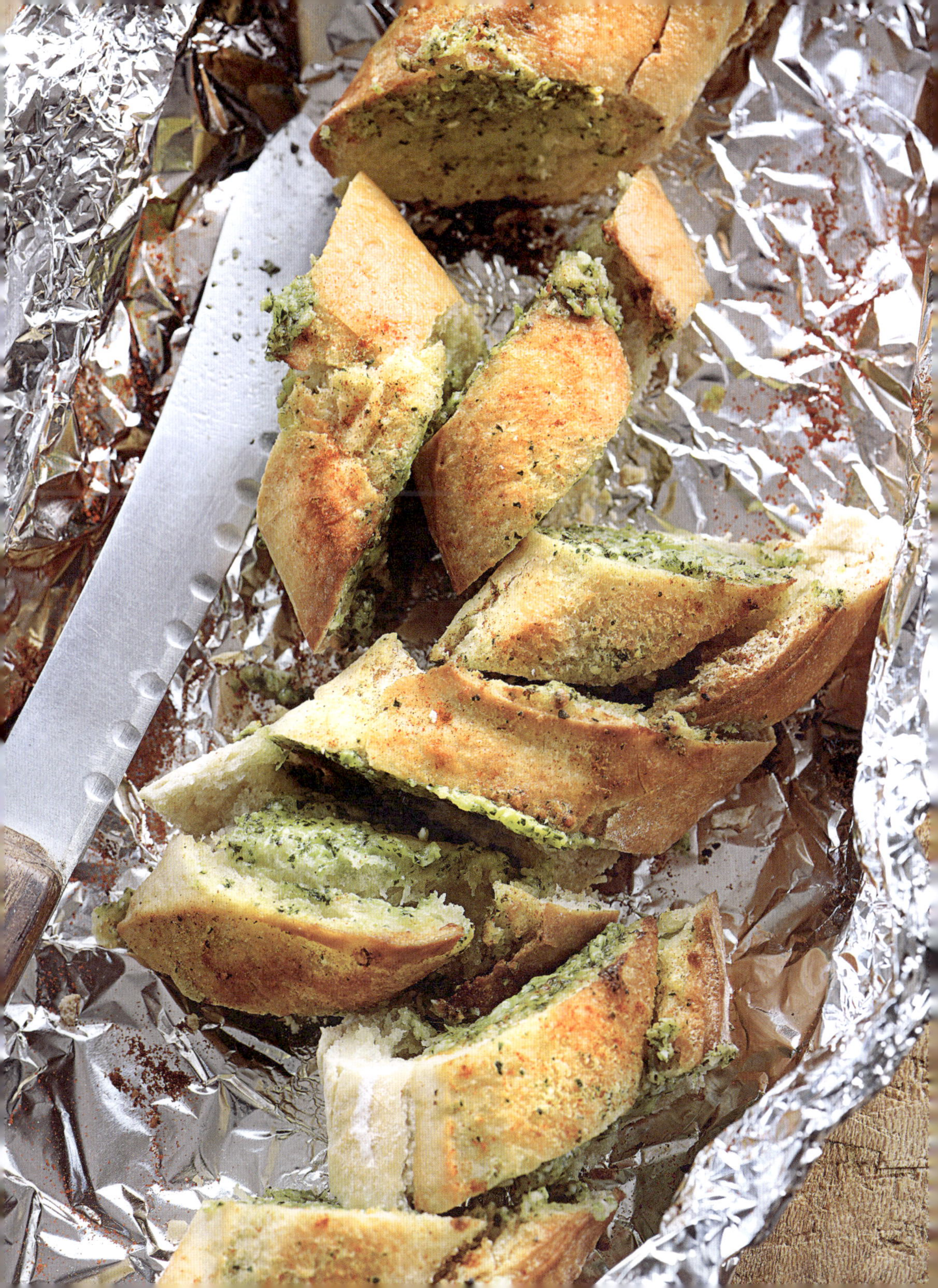

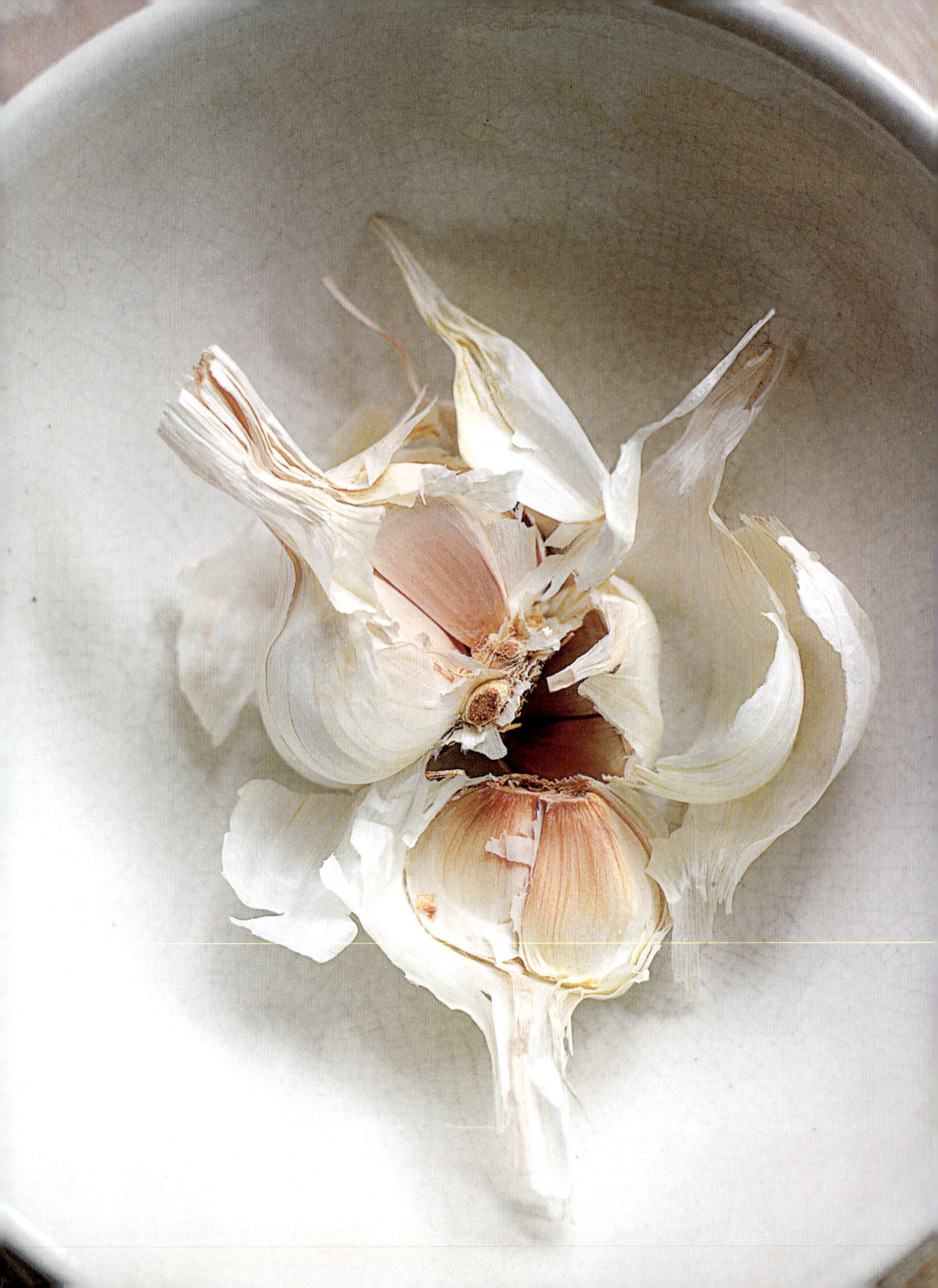

CIABATTA TOSTADA

* VEGETARIANO

Em nosso café, o excelente chef gosta de usar as diversas variedades de alho que cultivamos em receitas distintas. Para esse pão, ele recomenda o forte Chesnok Wight.

Rende 2 unidades

125 g de manteiga sem sal em temperatura ambiente
3 dentes de alho Chesnok Wight grandes ou alho de casca roxa descascados e bem picados
folhas de 1 ramo de alecrim bem picadas
2 ciabattas cortadas ao meio na vertical
pimenta-calabresa (opcional)

1. Misture a manteiga, o alho e o alecrim.

2. Espalhe uma camada generosa sobre a ciabatta. Coloque em uma frigideira canelada ou grill elétrico e grelhe até dourar.

3. Corte em fatias na diagonal e sirva. Se desejar, espalhe um pouco de pimenta-calabresa para deixar picante.

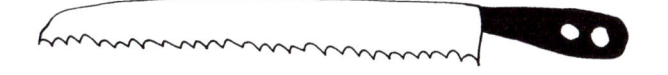

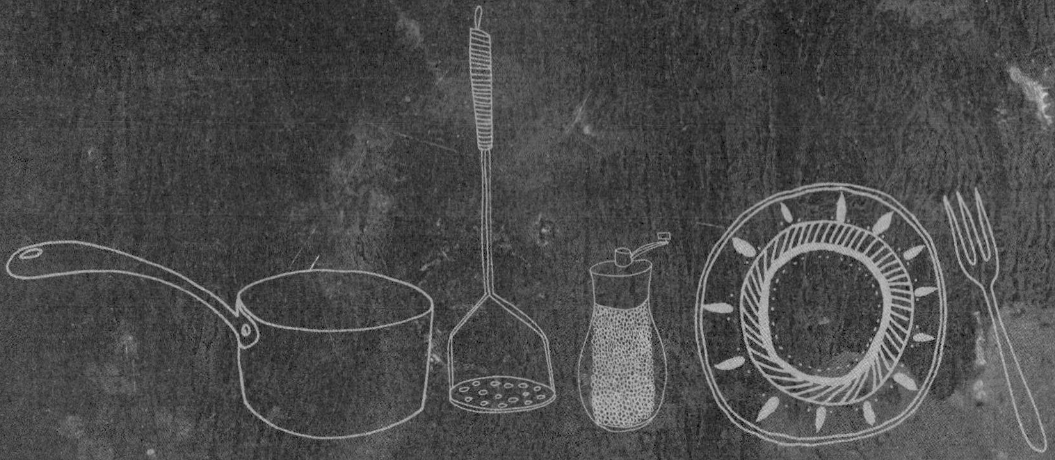

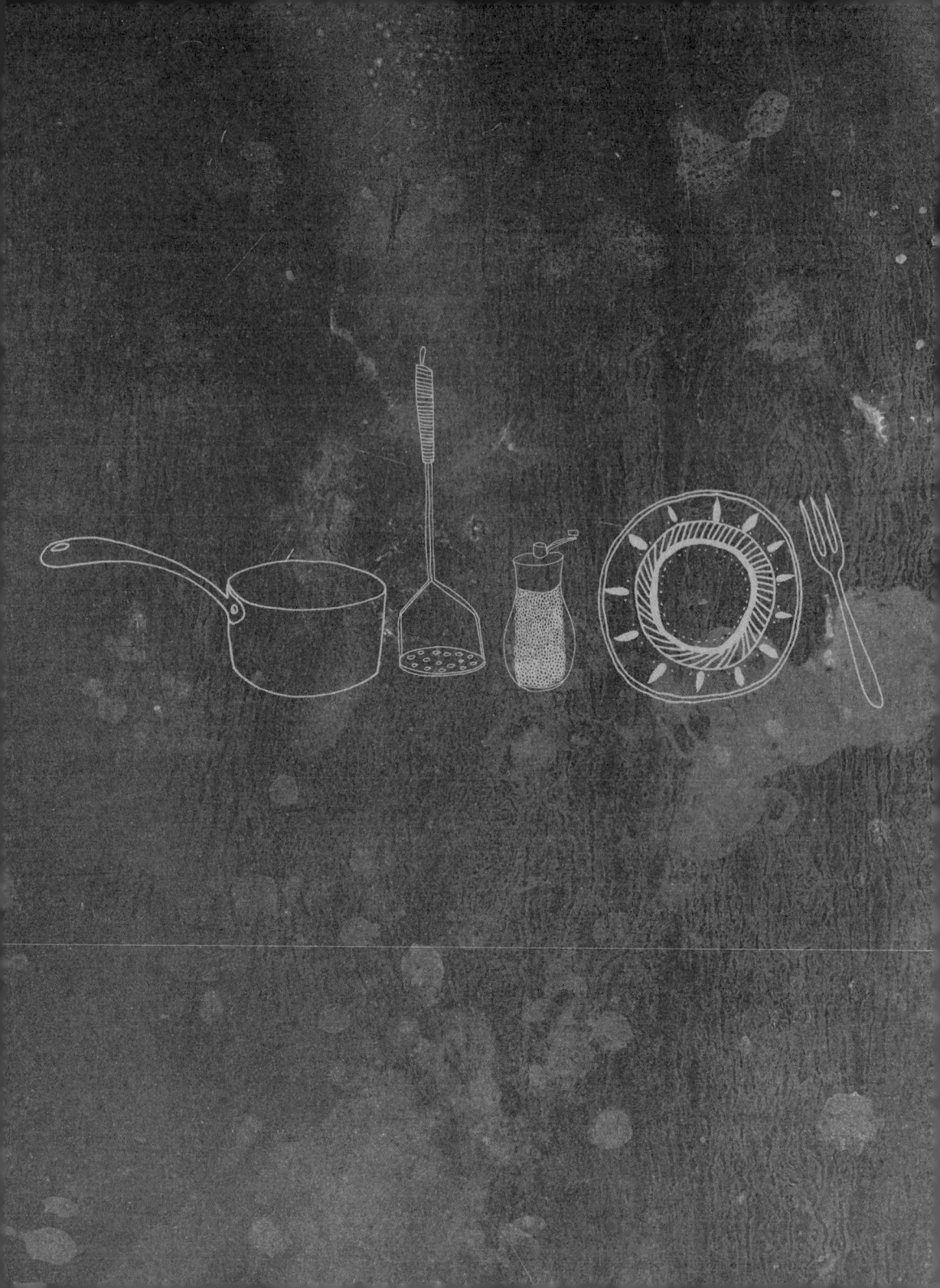

PRATOS PRINCIPAIS

FRANGO COM 40 DENTES DE ALHO

*SEM LATICÍNIOS *SEM GLÚTEN

Por sorte, algumas receitas clássicas dos cardápios dos anos 1970 estão voltando à moda – entre elas esse prato francês tradicional, que usa dentes de alho com casca para tirar proveito de toda a sua doçura e sabor intenso. Depois de cozido, o alho pode ir à mesa para que os convidados apertem os dentes e retirem a polpa. Ou use-o como base para um delicioso molho cremoso.

Rende 4-6 porções

1 frango orgânico grande (cerca de 1,6 kg)
2 talos de aipo picados
2 ramos grandes de alecrim
2 ramos grandes de tomilho
3-4 cabeças de alho grandes
2 colheres (sopa) de azeite
2 folhas de louro
1 cenoura grande cortada em cubos
1 cebola pequena cortada em cunhas
2 copos grandes de vinho marsala [cerca de 250 ml]
sal e pimenta-do-reino moída na hora

1. Preaqueça o forno a 200°C.

2. Recheie a cavidade do frango com o aipo, 1 ramo de cada erva e um punhado de dentes de alho com casca.

3. Distribua metade dos dentes de alho restantes em uma caçarola com tampa. Coloque o frango por cima, pincele com uma parte do azeite e tempere bem com sal e pimenta-do-reino. Espalhe o louro, a cenoura, a cebola, as ervas e o alho restante em volta da ave.

4. Regue com o azeite restante e o vinho. Tampe e asse por pelo menos 1h20, ou até o frango ficar macio e os sucos saírem claros quando a carne for furada com um espeto.

5. Esprema a polpa macia do alho sobre torradas para servir com o frango – ou bata a polpa com os sucos que ficaram na panela para obter um molho cremoso.

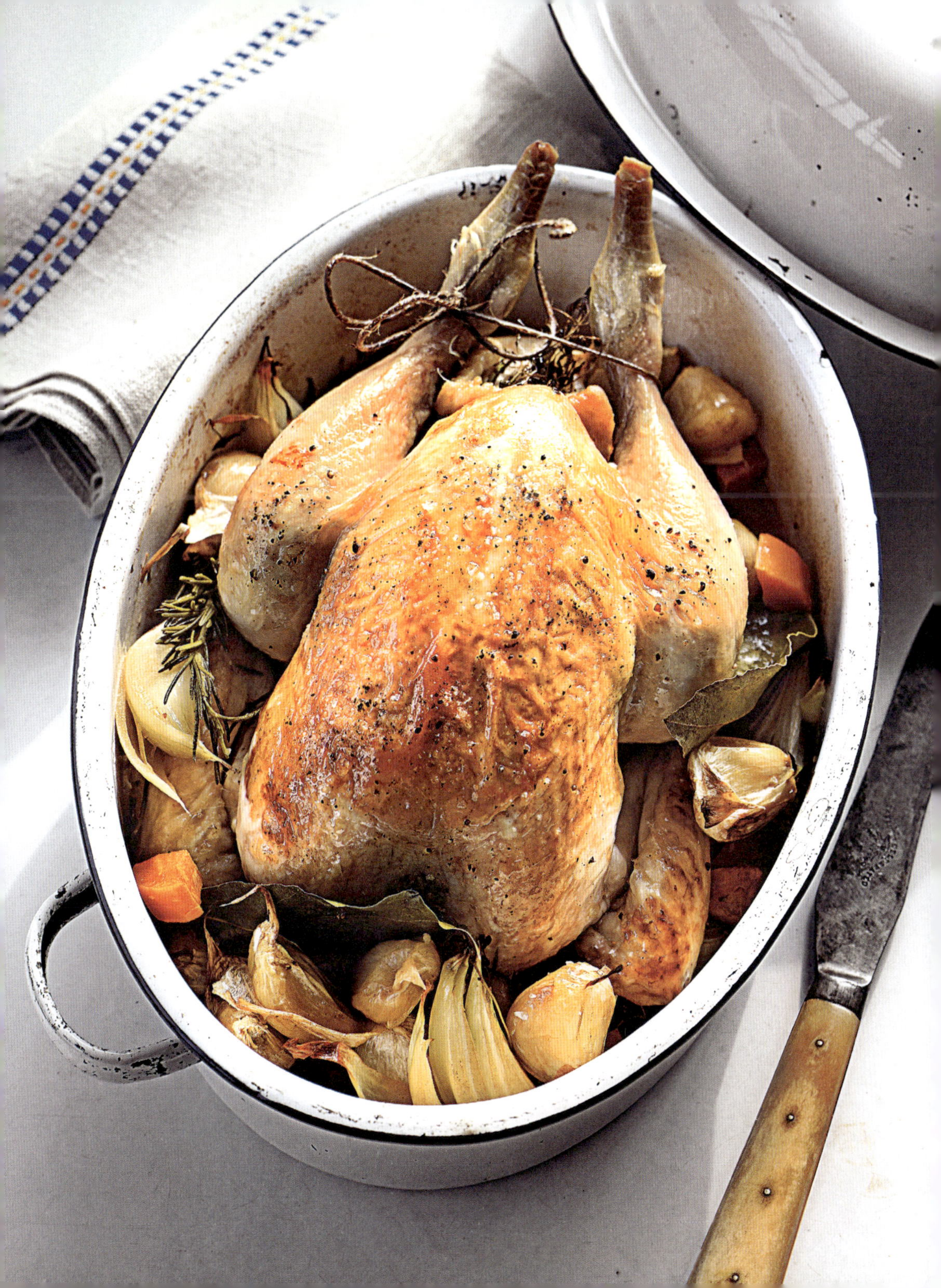

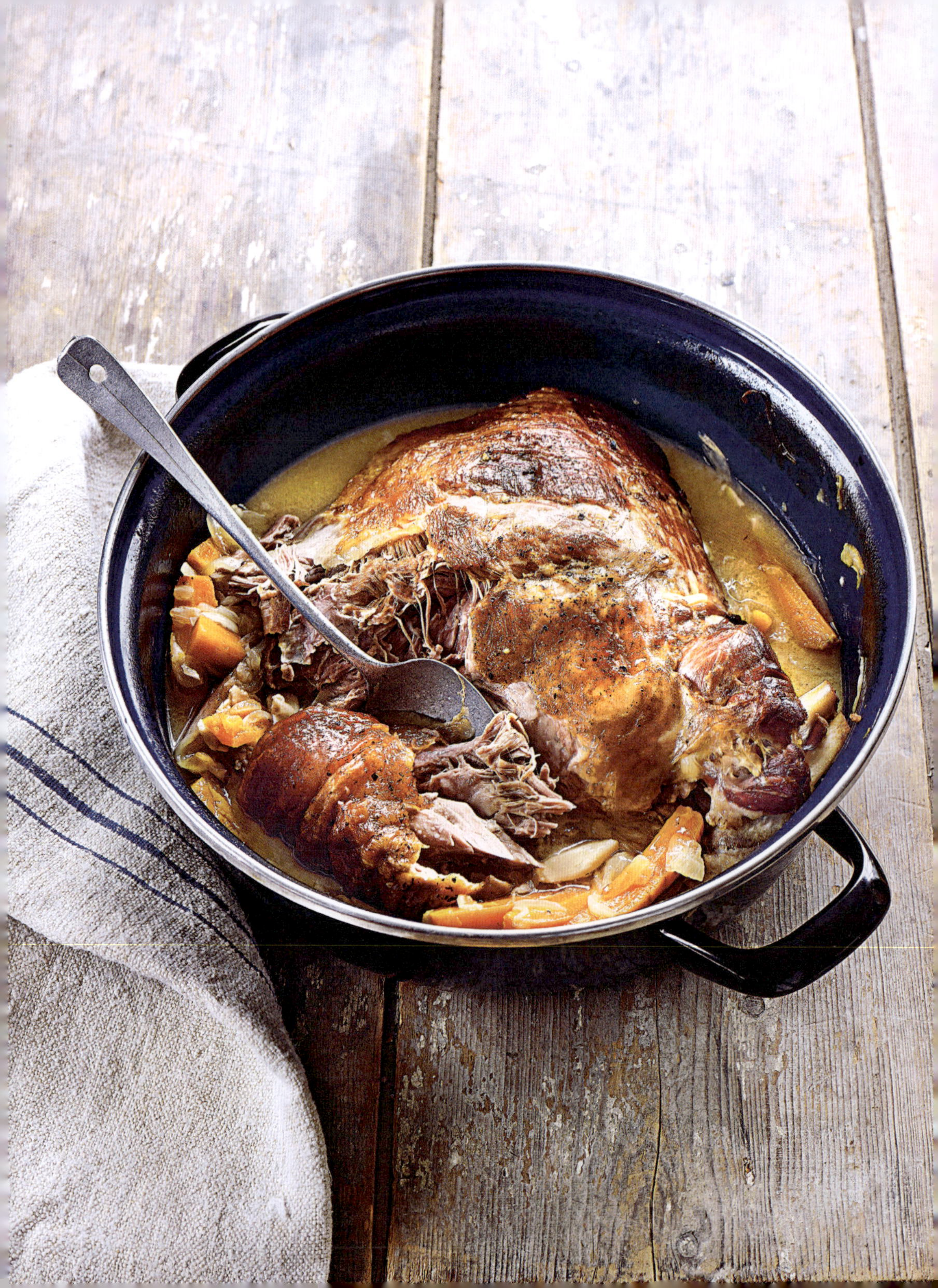

CORDEIRO COM MOLHO DE COALHADA

Não desanime por causa do longo tempo que a carne fica no forno. Essa receita é incrivelmente rápida e fácil de preparar, e o cozimento lento não só deixa o cordeiro deliciosamente macio como intensifica seu sabor. Você pode assar durante a noite ou preparar de manhã, para o jantar.

Rende 4-6 porções

2 kg de paleta de cordeiro
2 colheres (sopa) de azeite
3 cebolas cortadas em rodelas
4 cenouras cortadas em quartos na vertical
1 cabeça de alho ou 8-10 dentes de alho descascados
1 folha de louro
250 ml de vinho branco
250 ml de caldo de legumes, carne ou frango
sal e pimenta-do-reino moída na hora

Para o molho

3 colheres (sopa) de coalhada fresca
folhas de 2 ramos de hortelã
sal marinho e pimenta-do-reino moída na hora

1. Preaqueça o forno a 120°C.

2. Tempere bem o cordeiro com sal e pimenta-do-reino.

3. Aqueça o azeite em uma caçarola grande e com tampa, que possa ir ao forno, em fogo alto. Sele o cordeiro por cerca de 15 minutos, virando sempre, até dourar por inteiro. Abaixe o fogo.

4. Distribua a cebola, a cenoura, o alho e o louro ao redor da carne; regue com o vinho e o caldo. Espere ferver, leve a panela ao forno e asse por até 7 horas. (Embora o cordeiro esteja pronto depois de cerca de 5 horas, quanto mais ficar no forno, melhor.) Vire a carne na metade do tempo de cozimento.

5. Transfira o cordeiro e os vegetais para um prato de servir. Cubra com papel-alumínio e recoloque no forno desligado para manter aquecido.

6. Para o molho, retire o excesso de gordura da caçarola e leve-a de volta ao fogo médio. Ferva até o líquido ser reduzido a cerca de um quarto. Junte a coalhada e a hortelã, mexendo bem. Espere ferver novamente, retire as folhas de hortelã e tempere, se necessário.

7. Coloque o molho em uma molheira e sirva o cordeiro com purê de batata e alguma verdura cozida no vapor, como couve--manteiga.

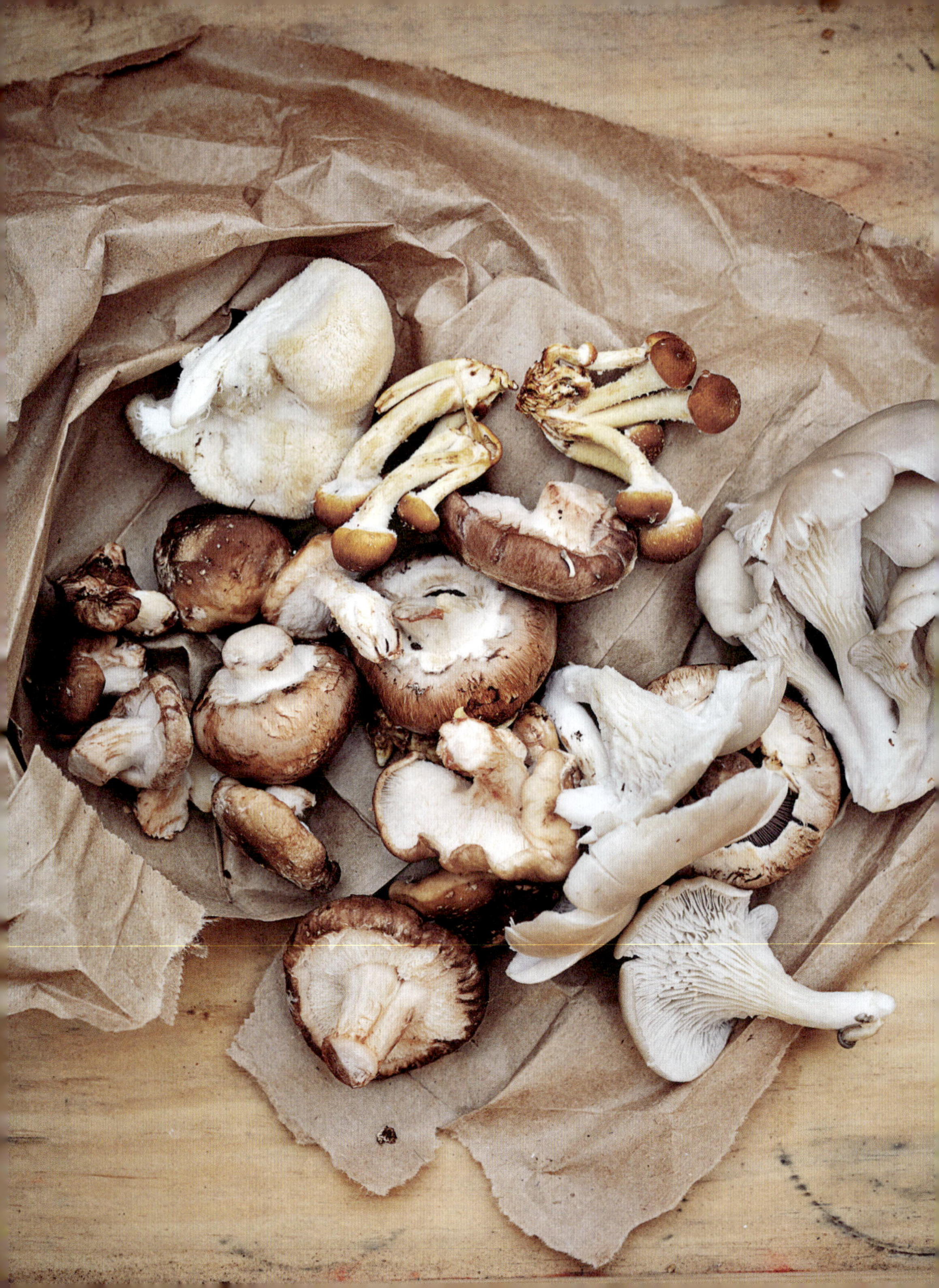

PIZZA DE COGUMELO

Pizzas caseiras são tão boas de preparar quanto de comer. Essa é a recriação de uma receita de dar água na boca que experimentei em Verona. Não tem molho de tomate e, por isso, é mais rápida ainda de fazer – e você nem vai sentir falta dele. Sirva com salada de rúcula.

Rende 2 unidades grandes

Para a massa
500 g de farinha de trigo, mais um pouco para polvilhar
6 g de fermento biológico seco
2 colheres (sopa) de azeite
2 colheres (chá) de açúcar ou mel
300 ml de água morna

Para a cobertura
300 g de porcini ou outro cogumelo carnudo [como shiitake ou portobello] fatiado
folhas de alguns ramos de alecrim bem picadas
4 dentes de alho descascados e amassados
azeite
100 g de muçarela de búfala picada
4 colheres (sopa) de parmesão ralado na hora
sal e pimenta-do-reino moída na hora

1. Para a massa, misture a farinha e o fermento em uma tigela grande. Faça uma cova no centro. Em uma jarra medidora, misture o azeite, o açúcar e a água morna. Despeje sobre a farinha e misture, aos poucos, até obter uma massa macia e levemente grudenta.

2. Transfira para uma superfície enfarinhada, passe farinha nas mãos e sove a massa por pelo menos 10 minutos, até ficar homogênea e maleável. Recoloque na tigela, cubra com filme de PVC untado e deixe crescer por 45 minutos, ou até dobrar de tamanho.

3. Preaqueça o forno a 250°C.

4. Coloque o cogumelo e o alecrim em uma vasilha. Junte o alho, regue generosamente com azeite e tempere com sal e pimenta-do-reino. Misture bem.

5. Retire o filme de PVC e divida a massa em duas bolas. Em uma superfície enfarinhada, abra para obter discos com cerca de 5 mm de espessura.

6. Cubra os discos com o cogumelo e distribua a muçarela e o parmesão por cima.

7. Asse até a massa ficar crocante, dourar nas bordas e o queijo derreter.

RISOTO DE ABÓBORA ASSADA *VEGETARIANO

Adocicada e deliciosa, a abóbora-cheirosa é repleta de vitaminas e sais minerais, o que deixa essa refeição vegetariana saborosa e muito nutritiva.

Rende 4 porções

- 1 abóbora-cheirosa grande sem sementes e cortada em pedaços grandes
- 3-4 dentes de alho descascados e amassados
- 1 colher (sopa) de azeite, mais um pouco para regar
- alguns ramos de tomilho, mais 1 colher (sopa) de folhas picadas
- 50 g de manteiga
- 1 cebola grande bem picada
- 250 g de arroz arbório
- 125 ml de vinho branco
- 1 litro de caldo de legumes
- um punhado de parmesão ralado na hora, mais um pouco para servir
- um punhado de pinhole tostado, para finalizar
- sal e pimenta-do-reino moída na hora

1. Preaqueça o forno a 200°C.

2. Coloque a abóbora em uma tigela grande. Junte 1-2 dentes de alho, regue com azeite e acrescente os ramos de tomilho. Tempere com sal e pimenta-do-reino e misture muito bem. Transfira para uma assadeira e leve ao forno por 30-40 minutos, ou até as bordas da abóbora começarem a dourar.

3. Retire do forno e espere esfriar um pouco. Transfira a polpa da abóbora para uma tigela; descarte a casca e os ramos de tomilho. Raspe o fundo da assadeira, junte à abóbora na tigela e amasse tudo com um garfo. Mantenha esse purê aquecido enquanto prepara o risoto.

4. Aqueça 1 colher (sopa) do azeite e metade da manteiga em uma panela com fundo grosso. Refogue a cebola em fogo baixo por cerca de 2 minutos, até ficar macia. Adicione 2 dentes de alho e refogue por mais 2 minutos.

5. Junte o arroz e misture bem. Despeje o vinho e mexa até o arroz absorver o líquido.

6. Acrescente 1 concha de caldo quente e mexa até absorver. Mantenha a panela em fogo baixo enquanto adiciona mais caldo, aos poucos e sem parar de mexer, por cerca de 15-20 minutos, até o arroz ficar *al dente*. O risoto deve ficar homogêneo e cremoso. Se necessário, junte mais caldo.

7. Retire do fogo e acrescente o purê de abóbora, a manteiga restante, o parmesão, 1 colher (sopa) de tomilho picado, sal e pimenta-do-reino a gosto. Mexa bem.

8. Finalize com o pinhole e um pouco de parmesão ralado ou em lascas.

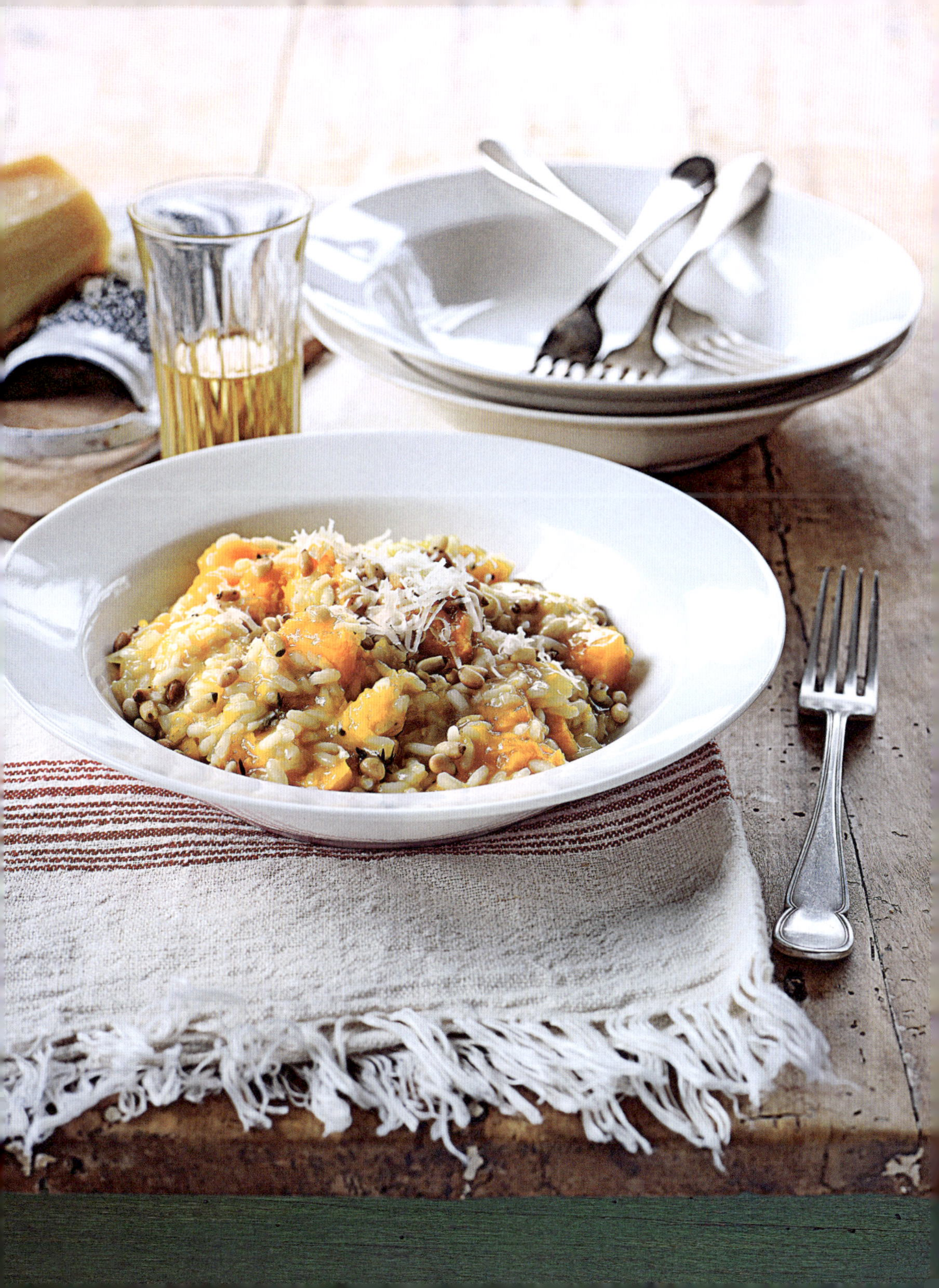

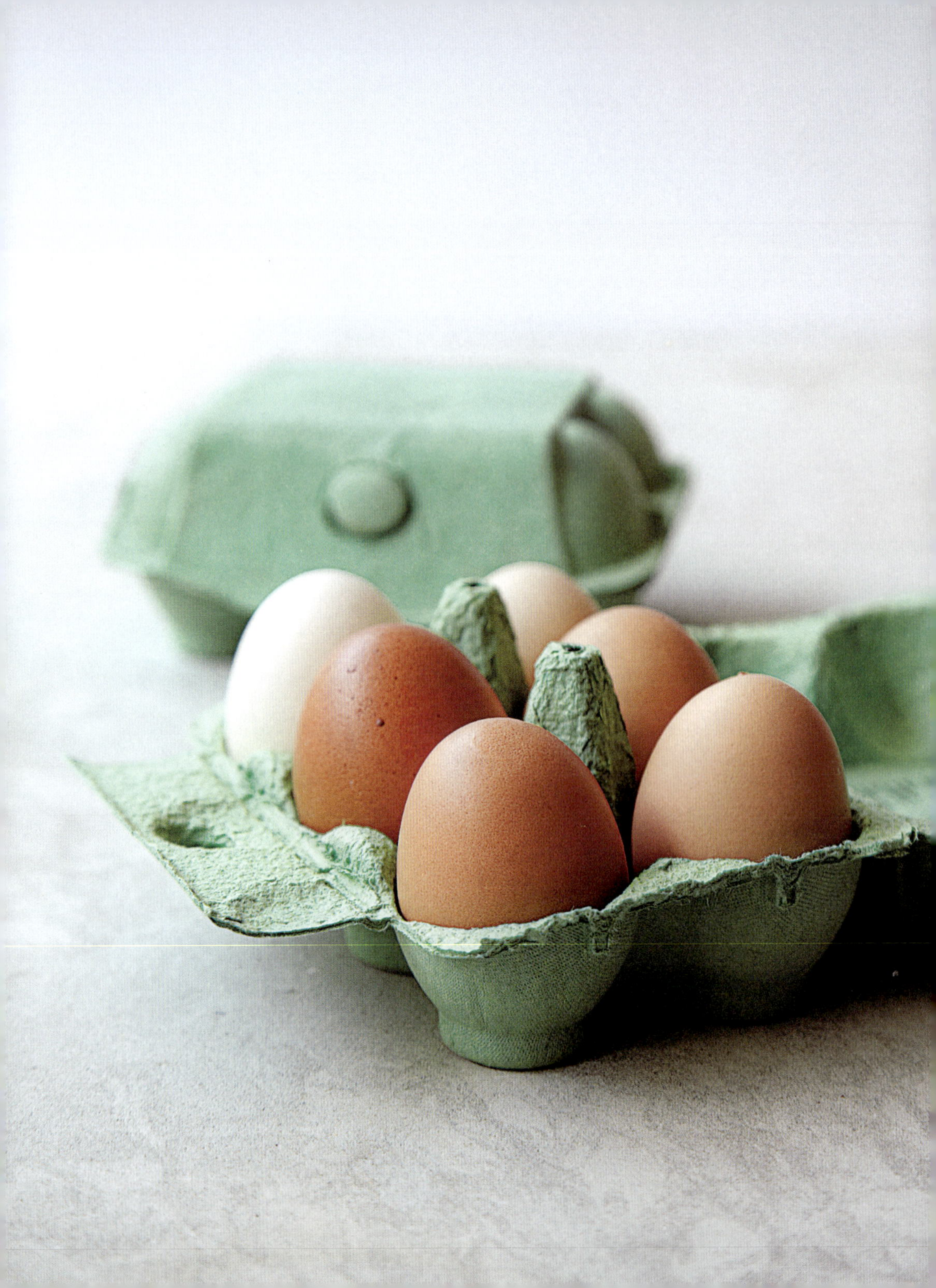

ESPAGUETE À CARBONARA

Molhos para massas ficam particularmente bons com adição de alho. Há diversas maneiras de preparar esse clássico italiano, mas minha receita inclui uma boa quantidade de alho para incrementar o sabor e aumentar os benefícios para a saúde.

Rende 4 porções

- 1 colher (sopa) de azeite
- 6 fatias grossas de pancetta ou bacon cortado em pedaços pequenos
- 4 echalotas* picadas
- 4 dentes de alho grandes descascados e bem picados
- 4 ovos grandes
- 40 g de parmesão ralado na hora
- pimenta-do-reino moída na hora
- 500 g de espaguete fresco
- 2 cebolinhas picadas
- um punhado de folhas de manjericão picadas
- um punhado de folhas de salsa picadas

1. Em uma frigideira grande, aqueça o azeite em fogo médio e refogue a pancetta, a echalota e o alho por 5-7 minutos, até a echalota ficar macia.

2. Em uma tigela, bata os ovos levemente com a maior parte do parmesão (reserve um pouco para finalizar). Tempere com uma boa quantidade de pimenta-do-reino.

3. Cozinhe o espaguete em uma panela grande com água e sal, de acordo com as instruções da embalagem, por cerca de 2-3 minutos.

4. Escorra a massa e recoloque na panela, fora do fogo. Rapidamente, junte o refogado de pancetta e os ovos batidos, mexendo bem.

5. Acrescente a cebolinha, o manjericão e a salsa; misture bem.

6. Sirva imediatamente, polvilhado com pimenta-do-reino e o restante do parmesão.

* A echalota é um tipo de cebola com sabor levemente adocicado e mais suave. Caso não encontre substitua por cebola-pérola ou cebola roxa (neste caso em menor quantidade que a pedida na receita).

Refogue o alho apenas até dourar ou adquirir um tom marrom-claro; nunca deixe ficar escuro, pois isso prejudica o sabor. Se quiser manter o alho sutil, é melhor refogar por pouco tempo em azeite, sem deixar dourar, e então cozinhar com os sucos dos outros ingredientes.

PRATOS PRINCIPAIS

PEIXE NO PAPILLOTE
* SEM LATICÍNIOS

Pimenta, alho e gengibre formam um trio mágico de sabores que combina particularmente bem nessa refeição rápida e fácil, e você pode usar peixe fresco ou congelado.

Rende 4 porções

azeite
4 filés grandes de bacalhau fresco ou outro peixe sustentável de carne branca e macia
2,5 cm de gengibre descascado e ralado
8 dentes de alho descascados e fatiados
2 pimentas-malaguetas fatiadas
4 colheres (sopa) de molho de soja light
2 acelgas-chinesas cortadas em tiras finas
½ colher (sopa) de óleo de gergelim torrado
200 g de arroz jasmim cozido no vapor, para servir
2 cebolinhas bem picadas, para finalizar
um punhado de coentro picado grosseiramente, para finalizar

1. Preaqueça o forno a 190°C.

2. Estenda quatro pedaços de papel-alumínio grandes o suficiente para embrulhar cada filé de peixe sobre a superfície de trabalho. Pincele-os com azeite.

3. Coloque um filé no centro de cada pedaço de papel-alumínio e transfira para uma assadeira, dobrando as laterais da folha para cima, ao redor do peixe.

4. Distribua o gengibre, o alho, a pimenta e o molho de soja sobre os filés, depois feche os papelotes. Leve ao forno e asse por 15-20 minutos. Enquanto isso, refogue levemente a acelga-chinesa no óleo de gergelim por 3-4 minutos em fogo médio.

5. Sirva o peixe com o arroz jasmim, a acelga-chinesa e os sucos que restarem em cada papelote. Finalize com a cebolinha e o coentro.

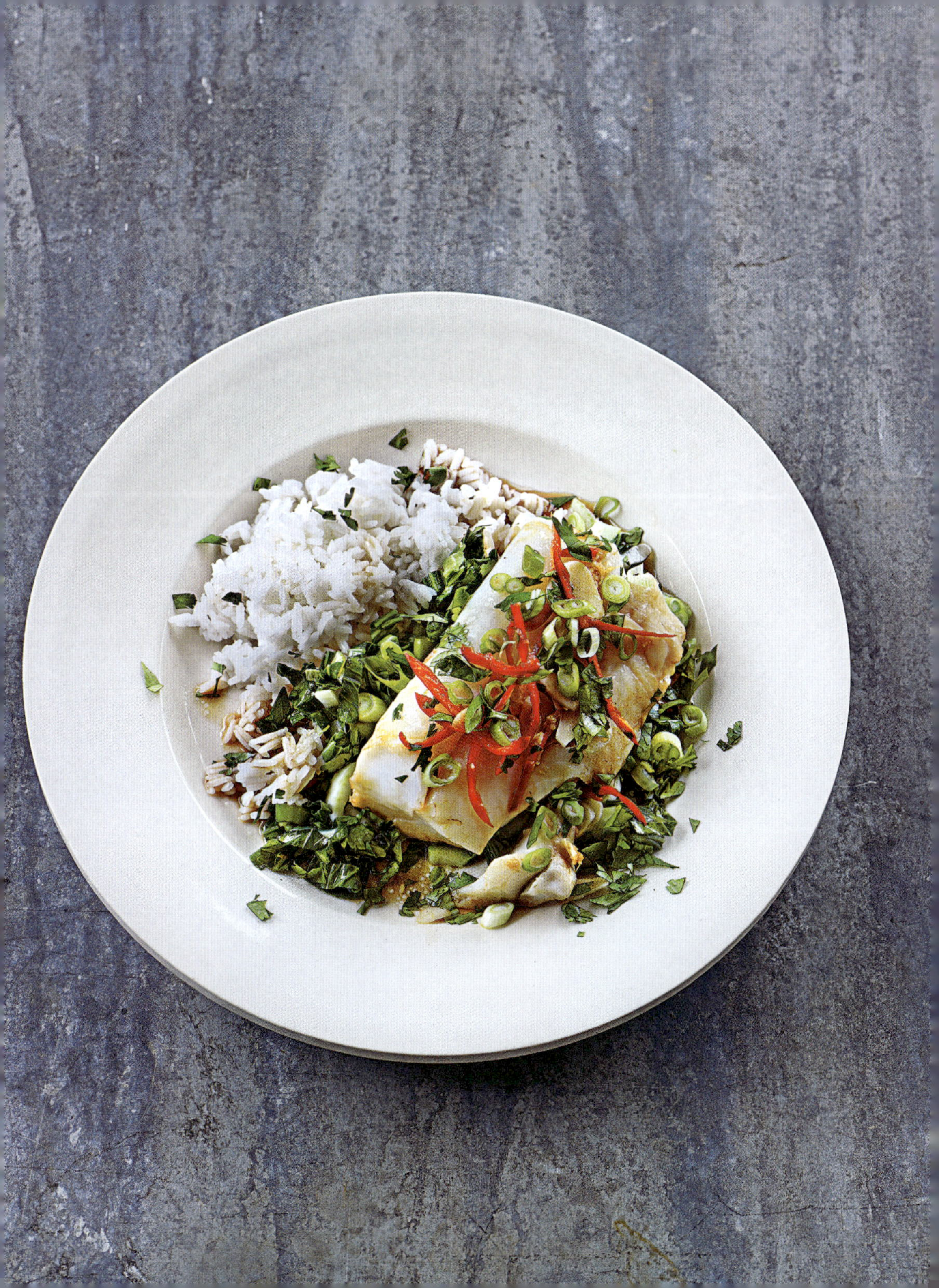

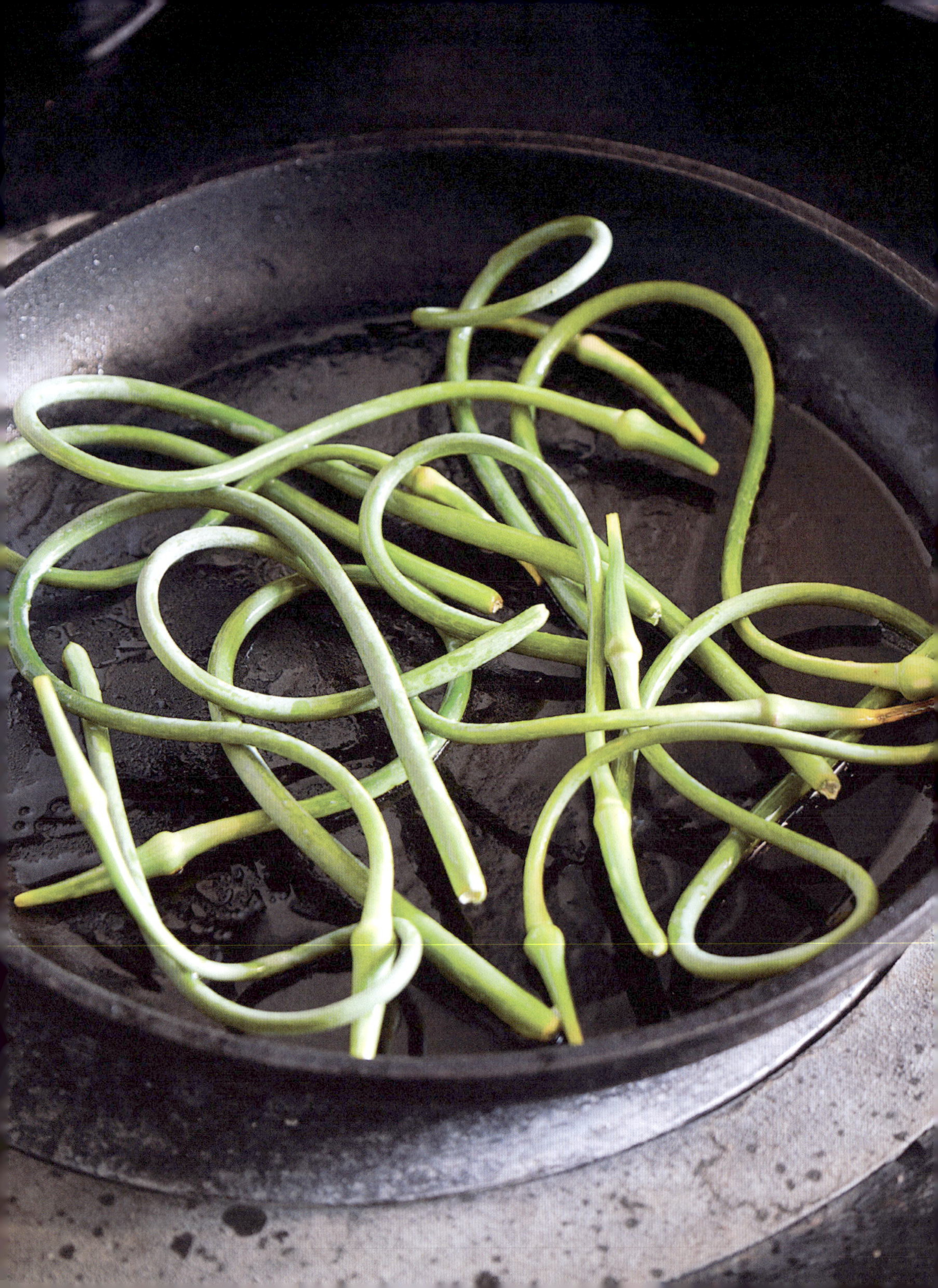

SALTEADO DE CARNE E BROTO DE ALHO
*SEM LATICÍNIOS

Brotos de alho conferem um sabor fresco e uma textura crocante fantástica a todos os tipos de receita.

Rende 4 porções

- 2 colheres (sopa) de molho de soja light
- 2,5 cm de gengibre descascado e ralado
- 1 pimenta-malagueta pequena
- 1 colher (chá) de óleo de gergelim
- 2 dentes de alho grandes descascados e amassados
- 500 g de alcatra cortada em tirinhas
- 300 g de broto de alho (ou cebolinha) [ou nirá] cortado em pedaços de 6 cm
- 2 colheres (sopa) de óleo de girassol
- 1 pimentão vermelho fatiado
- 50 ml de caldo quente de carne
- 200 g de arroz branco cozido no vapor, para servir

1. Em uma vasilha, misture o molho de soja, o gengibre, a pimenta e o óleo de gergelim. Junte o alho e a carne; mexa para cobrir completamente. Reserve por 15 minutos.

2. Escalde o broto de alho em água fervente com sal por 2 minutos; escorra e reserve.

3. Em um wok, aqueça o óleo de girassol em fogo alto e frite as tirinhas de carne em duas levas, por cerca de 2 minutos cada. A alcatra deve dourar por fora e ficar rosada por dentro. Reserve as tirinhas de carne. Aqueça o óleo que restou no wok, junte o pimentão vermelho e refogue por cerca de 1 minuto. Acrescente o broto de alho, a carne, o líquido da marinada e o caldo; refogue, sem parar de mexer, até aquecer bem. Sirva imediatamente com arroz branco.

> "Broto" é o nome genérico para o talo da flor que emerge do topo do alho, algumas vezes se encurvando antes de crescer.

PRATOS PRINCIPAIS

FRANGO TANDOORI

Esse delicioso prato indiano não seria o mesmo sem o alho, que intensifica a marinada picante de iogurte.

Rende 4 porções

8 sobrecoxas ou coxas (ou 4 peitos) de frango caipira orgânico sem pele
uma pitada de sal
suco de 1 limão-siciliano
6 dentes de alho descascados e amassados
2,5 cm de gengibre descascado e ralado
2 pimentas-malaguetas verdes bem picadas
2 colheres (chá) de garam masala
2 colheres (chá) de sumagre
4 colheres (sopa) de iogurte natural
30 g de manteiga

Para servir

1 cebola roxa cortada em rodelas finas
suco de 1 limão-siciliano
dois punhados de folhas de hortelã
4 colheres (sopa) de coalhada seca
pão sírio
sal e pimenta-do-reino moída na hora

1. Com uma faca pequena e afiada, faça alguns cortes nos pedaços de frango. Coloque em uma vasilha e tempere com sal, o suco de limão, o alho, o gengibre e as demais especiarias, espalhando com as mãos para cobrir toda a carne.

2. Junte o iogurte natural e misture. Cubra e reserve na geladeira durante a noite ou por pelo menos 4 horas.

3. Preaqueça o forno na temperatura mais alta.

4. Retire o frango do iogurte e transfira para uma assadeira, deixando espaço entre os pedaços. Asse no centro do forno por 20 minutos. Na metade do tempo, distribua a manteiga sobre a carne, para dourar.

5. Retire do forno e reserve por 5 minutos.

6. Para servir, regue a cebola com o suco de limão e tempere com sal e pimenta-do-reino. Monte o prato com a cebola, a hortelã, o frango tandoori, a coalhada seca e o pão sírio.

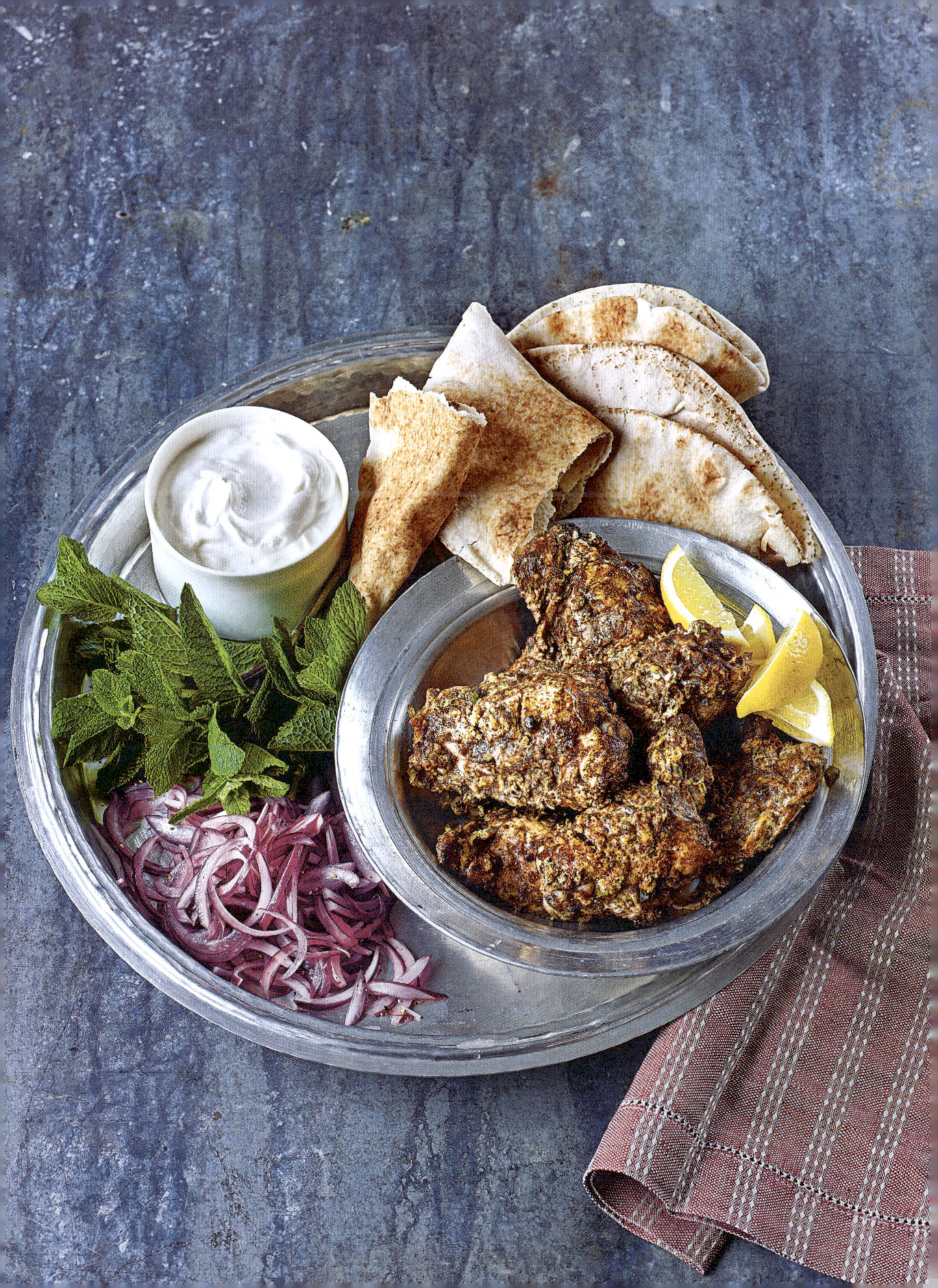

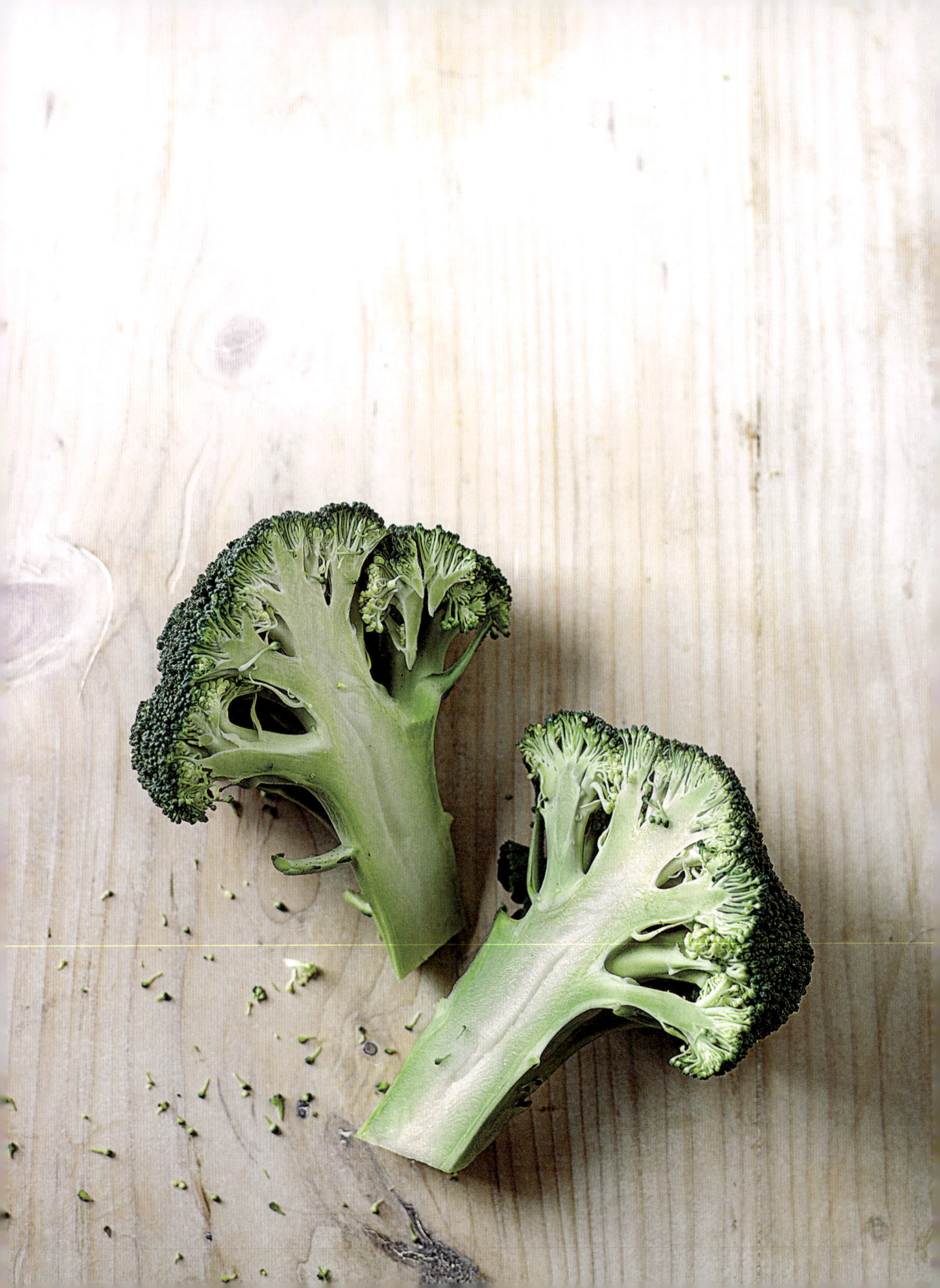

CURRY DE GRÃO-DE-BICO E BRÓCOLIS

* VEGETARIANO * SEM LATICÍNIOS * SEM GLÚTEN

Nem todos os curries levam bastante alho, mas muitos se beneficiam do ótimo sabor que ele confere. Essa é uma receita saborosa, saudável e econômica – e fica ainda mais deliciosa no dia seguinte.

Rende 4 porções

- 2 colheres (sopa) de azeite
- 1 cebola bem picada
- 6 dentes de alho amassados
- 2,5 cm de gengibre ralado
- 2 pimentas-malaguetas sem sementes e bem picadas
- 1 colher (chá) de cúrcuma
- 1 colher (chá) de cominho em pó
- 2 colheres (chá) de coentro em pó
- 1 colher (chá) de garam masala
- 800 g de grão-de-bico cozido e escorrido [ou em conserva enxaguado e escorrido]
- 400 g de tomate pelado em lata picado
- 50 g de lentilha vermelha
- 400 ml de leite de coco
- 1 maço de brócolis cortado em floretes pequenos
- sal marinho e pimenta-do-reino moída na hora

Para servir

- dois punhados de coentro picado
- 200 g de arroz integral cozido

1. Em um wok ou panela funda, aqueça o azeite em fogo médio e refogue a cebola, o alho, o gengibre e a pimenta por 2 minutos.

2. Junte as especiarias e refogue por 5 minutos; se necessário, acrescente mais azeite.

3. Adicione o grão-de-bico, o tomate pelado com o suco presente na lata, a lentilha e o leite de coco — caso sinta que precisa de um pouco mais de líquido para o cozimento da lentilha, adicione meia xícara de água ou caldo de legumes; cozinhe até a lentilha ficar macia, mexendo ocasionalmente.

4. Junte os brócolis e cozinhe por 5-10 minutos. Tempere a gosto com sal e pimenta-do-reino.

5. Finalize com o coentro e sirva com arroz integral.

A combinação de gengibre e alho é uma das bases da culinária indiana, indispensável em muitos condimentos e curries. É feita batendo partes iguais de cada ingrediente – e os cozinheiros indianos muitas vezes preparam grandes porções de uma vez, pois sabem que o tempero será usado todos os dias.

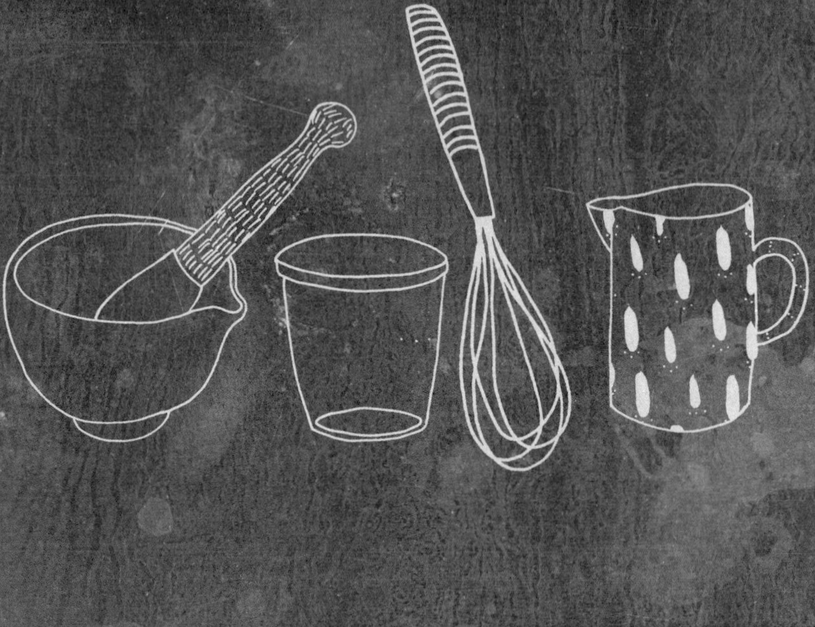

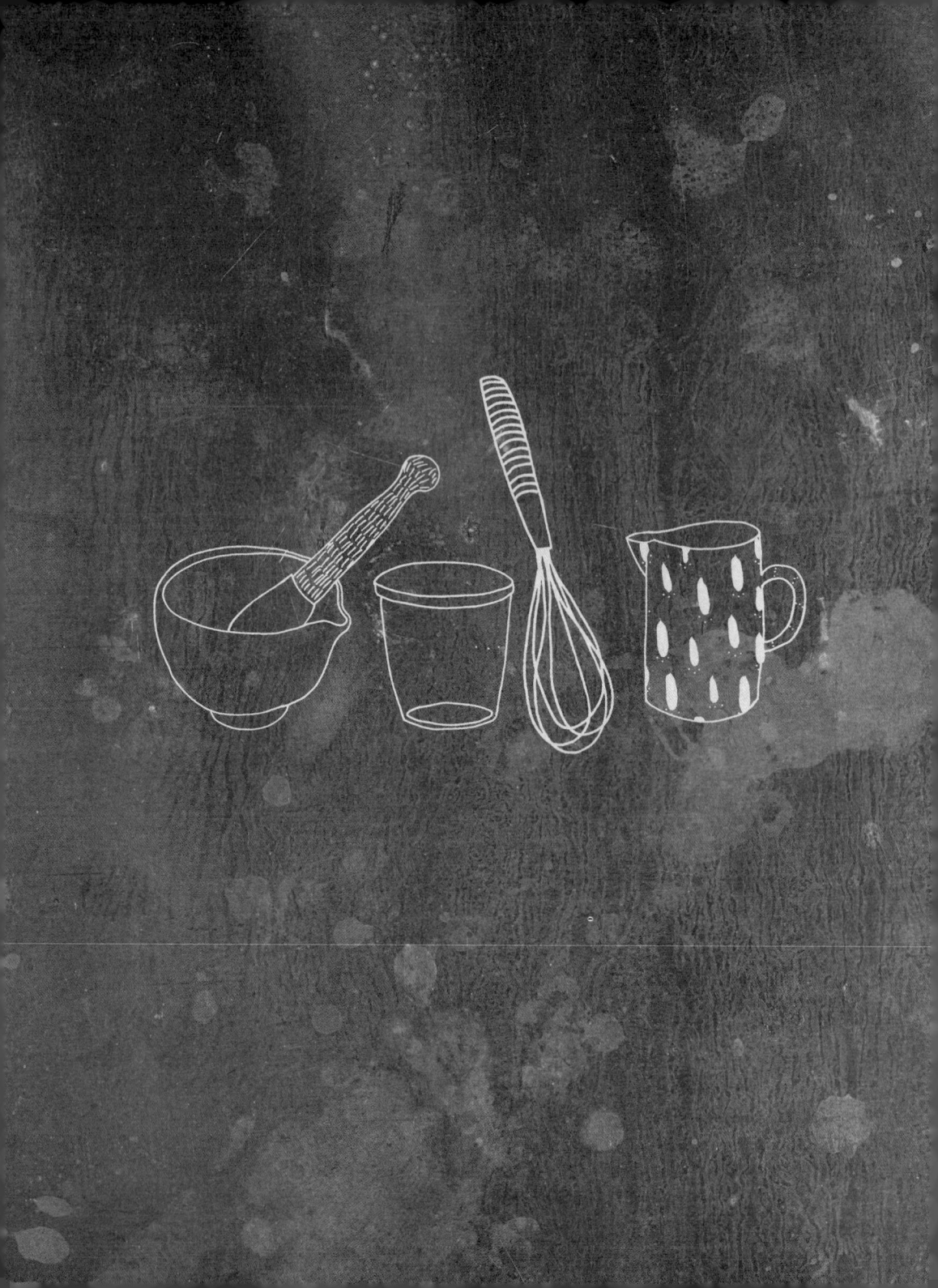

PASTAS, MOLHOS E TEMPEROS

AÏOLI *VEGETARIANO *SEM GLÚTEN *SEM LATICÍNIOS

Essa maionese de alho extremamente versátil tem origem na região da Provença, no sul da França, o que ajuda a explicar seu nome: *"ai"* é a palavra provençal para alho, e *"oil"* vem do latim *oleum*, óleo. Funciona bem servida como pasta para acompanhar vegetais no vapor ou como molho para peixes e carnes.

Rende cerca de 350 ml

3 dentes de alho grandes descascados
2 gemas
1 colher (sopa) de mostarda de Dijon
300 ml de azeite
suco de ¼ de limão-siciliano
sal e pimenta-do-reino moída na hora

1. Bata o alho e uma pitada de sal em um almofariz até obter uma pasta.

2. Em uma vasilha, misture a pasta de alho, as gemas e a mostarda, até incorporar bem.

3. Adicione o azeite aos poucos, em um fio contínuo, batendo até ser absorvido e a maionese engrossar.

4. Acrescente o suco de limão e tempere a gosto com sal e pimenta-do-reino. Se quiser usar o aïoli como molho, bata com algumas gotas de água morna, para diluir.

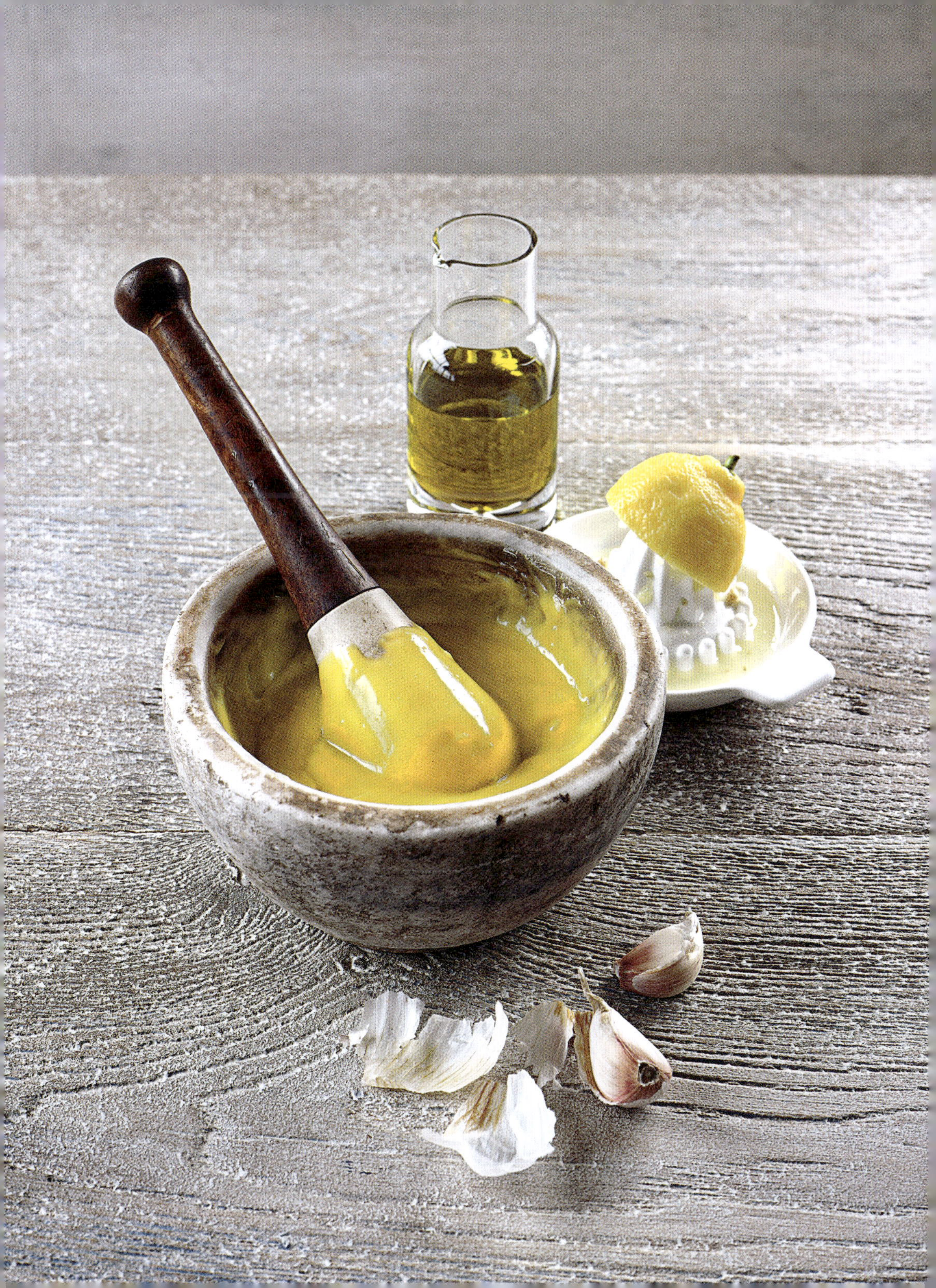

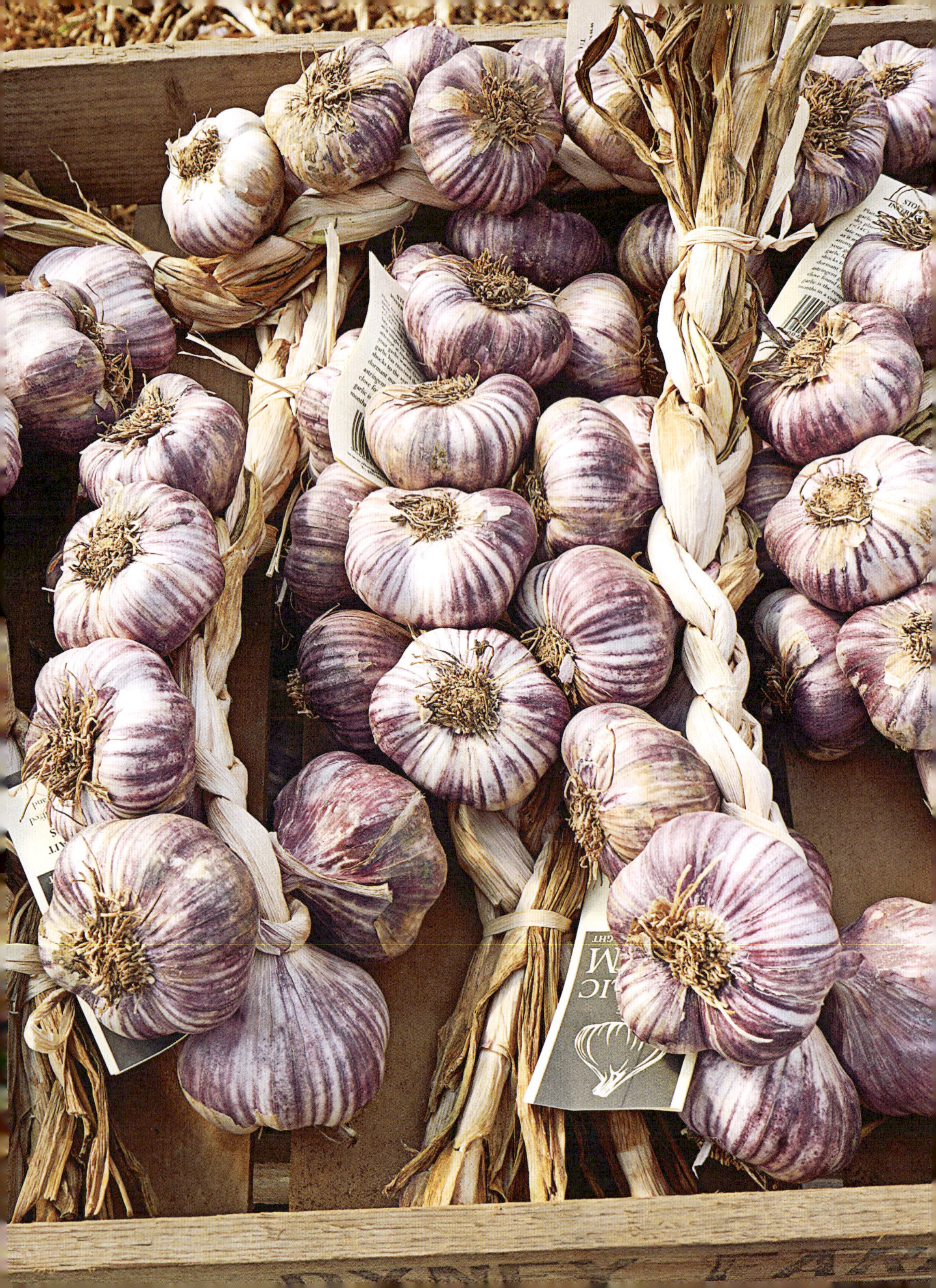

HOMUS CLÁSSICO

*VEGETARIANO *SEM LATICÍNIOS *SEM GLÚTEN

Servimos essa receita no café da The Garlic Farm, e a tigela sempre volta limpinha, como se tivesse sido raspada. Preciso dizer mais?

Rende 4 porções

400 g de grão-de-bico cozido e escorrido [ou em conserva enxaguado e escorrido]
suco de ½ limão-siciliano
1 colher (chá) cheia de cominho
3 dentes de alho amassados
1 colher (sopa) de coentro picado
1 colher (sobremesa) de tahine
um fio generoso de azeite de baixa acidez
uma pitada grande de sal e pimenta-do-reino em grãos triturada

1. Bata todos os ingredientes no processador. Para manter uma textura mais rústica, não bata demais.

2. Sirva com qualquer combinação de vegetais crus (aipo, cenoura, pepino), grissinis ou pão sírio aquecido.

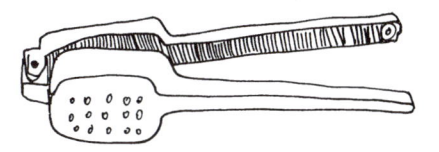

VINAGRETE
*VEGETARIANO *SEM GLÚTEN *SEM LATICÍNIOS

Usar óleo de girassol em vez de azeite deixa esse molho bem mais leve – é o parceiro ideal para uma salada verde crocante. O vinagrete pode ser mantido em um vidro por 1 semana em temperatura ambiente ou em um recipiente hermeticamente fechado, na geladeira, por várias semanas.

Rende cerca de 100 ml

2 colheres (sopa) de vinagre de vinho branco
60 ml de óleo de girassol
1 colher (chá) de mostarda de Dijon
1 dente de alho descascado e amassado
sal marinho e pimenta-do-
-reino moída na hora

1. Coloque o vinagre, o óleo, a mostarda e o alho em um vidro com tampa de rosca. Tempere com sal e pimenta-do-reino. Tampe e chacoalhe bem, para incorporar os ingredientes.

2. Guarde em local fresco até a hora de usar. Se quiser, acrescente ervas frescas antes de servir.

MOLHO DE ALHO, COENTRO E COALHADA
*VEGETARIANO *SEM GLÚTEN

Esse molho pode ser mantido em um recipiente fechado, na geladeira, por cerca de 3 dias.

Rende cerca de 100 ml

4 colheres (sopa) cheias de coalhada fresca
suco de ¼ de limão-siciliano
3 cm de gengibre descascado e ralado
1 dente de alho descascado e amassado
um punhado pequeno de coentro picado grosseiramente

1. Em uma tigela, misture todos os ingredientes até incorporar.

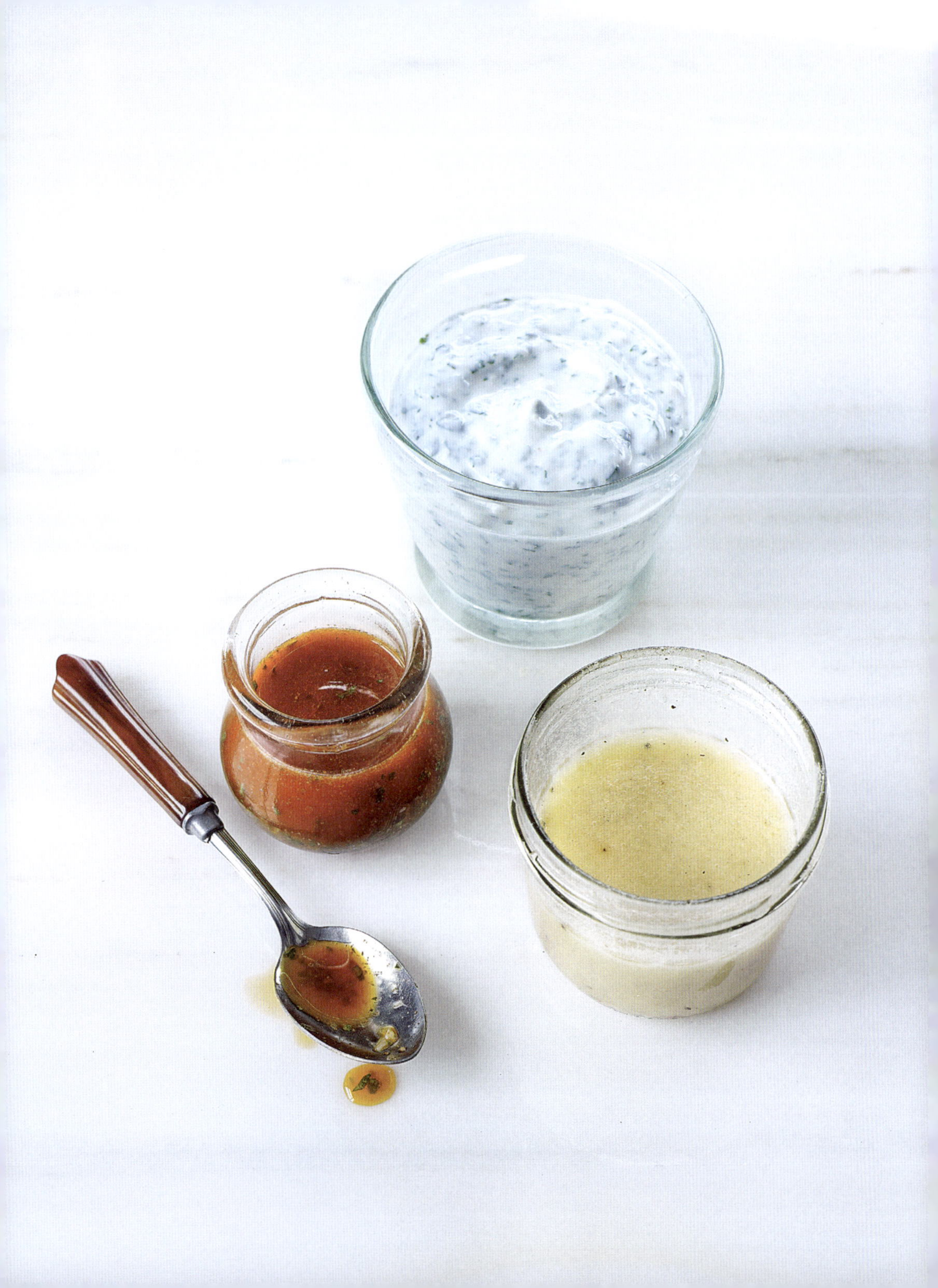

TZATZIKI *VEGETARIANO *SEM GLÚTEN

Essa é uma de minhas receitas favoritas. É comum salgar o pepino para remover o excesso de líquido, mas eu não acho isso necessário se você usar o ingrediente bem fresco e crocante e servir a pasta imediatamente. Na minha experiência, nunca sobra nada!

Rende cerca de 400 ml

½ pepino grande
2 dentes de alho descascados
300 ml de coalhada fresca
1 colher (sopa) de salsa
1 colher (sopa) de hortelã, mais um pouco para decorar
1 colher (sopa) de azeite
suco de ¼ de limão-siciliano
sal e pimenta-do-reino moída na hora

1. Descasque, tire as sementes e pique o pepino em cubos pequenos. Amasse o alho. Pique bem a salsa e a hortelã. Misture todos os ingredientes, acertando o tempero, transfira para uma tigela e decore com um pouco da hortelã picada.

2. Sirva como petisco ou tira-gosto com palitos de cenoura e aipo crus etc., pão sírio tostado ou chips, como o de batata. O tzatziki também é um acompanhamento refrescante para costeletas de cordeiro bem quentes.

MOLHO MARROQUINO *VEGETARIANO *SEM GLÚTEN *SEM LATICÍNIOS

Esse molho pode ser mantido em um recipiente fechado por 1 semana na geladeira (foto na p. 79).

Rende cerca de 150 ml

6 colheres (sopa) de azeite extravirgem
3 colheres (sopa) de vinagre de vinho tinto
1 colher (chá) de páprica doce
½ colher (chá) de cominho em pó
1 dente de alho bem picado
um punhado pequeno de salsa bem picada

1. Em uma vasilha, misture todos os ingredientes até incorporar bem.

PICLES DE ALHO E DOIS LIMÕES

*VEGETARIANO *SEM LATICÍNIOS *SEM GLÚTEN

Picles caseiros estão entre as receitas preferidas de nossa família, e por isso preparamos e vendemos diversos tipos de conservas e chutneys na The Garlic Farm. Como sempre estamos desenvolvendo combinações novas, nosso repertório aumenta a cada ano. Essa versão é campeã. Escolhi incluí-la neste livro porque é muito fácil de fazer – ao contrário de outras criações, que pedem uma lista enorme de ingredientes e muito mais tempo.

Rende 1 pote de conserva de 1 litro

- 3 colheres (sopa) de semente de mostarda
- 1 colher (sopa) de semente de feno-grego
- 2 colheres (sopa) de óleo de amendoim [ou de canola], para refogar
- 1 colher (chá) de cúrcuma em pó
- 1 colher (sopa) de pimenta-vermelha em pó
- 3 limões-sicilianos cortados em pedaços pequenos
- 3 limões-taiti cortados em pedaços pequenos (com casca e sem sementes)
- 2 cabeças de alho com os dentes descascados
- 3 colheres (sopa) de sal marinho

1. Triture as sementes de mostarda e de feno-grego no pilão, até amassar levemente.

2. Aqueça o óleo em uma panela e refogue as sementes trituradas, a cúrcuma e a pimenta-vermelha em pó em fogo baixo por 2 minutos. Junte os dois tipos de limão, o alho e o sal; misture e retire do fogo.

3. Transfira para um recipiente ou vidro com fecho hermético, sem deixar sobrar muito espaço.

4. Reserve na geladeira para maturar por pelo menos 10 dias, virando de vez em quando.

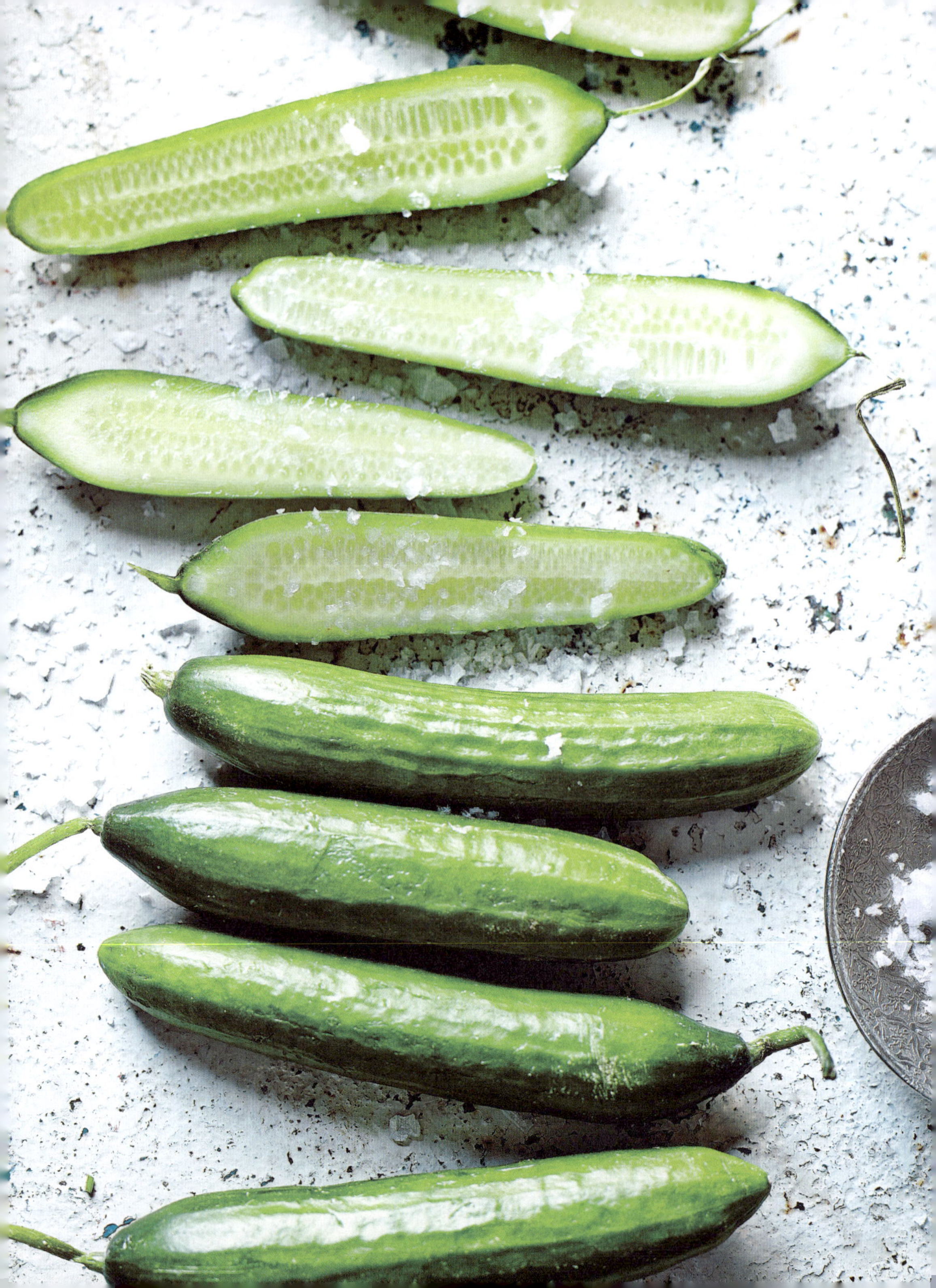

KIMCHI DE PEPINO

*VEGETARIANO *SEM LATICÍNIOS *SEM GLÚTEN

Há séculos os coreanos comem kimchi, uma conserva incrivelmente saudável, em quase todas as refeições – algumas referências sobre o preparo datam de pelo menos 2.600 anos. É feito com a fermentação parcial de vegetais, geralmente acelga-chinesa, com temperos e especiarias, entre eles o alho. Essa é uma versão relativamente fácil de fazer: uma combinação deliciosa de pepino crocante com alho e pimenta.

Rende 2 potes grandes

700 g de pepino pequeno com casca (os para picles funcionam melhor)
2 colheres (sopa) de sal marinho
½ cebola bem picada
4 cebolinhas cortadas na vertical e picadas na diagonal
4 dentes de alho amassados
1 pimenta-malagueta pequena sem sementes e bem picada (opcional)
1-2 colheres (sopa) de gochugaru (pimenta vermelha coreana em pó) [ou qualquer pimenta vermelha em pó]
2 colheres (chá) de mel
2 colheres (chá) de vinagre

1. Lave o pepino e pique-o em pedaços de 3 cm.

2. Coloque em uma tigela de cerâmica grande e polvilhe com sal. Reserve em temperatura ambiente durante a noite ou por algumas horas.

3. Junte a cebola, a cebolinha, o alho, a pimenta, a pimenta em pó, o mel e o vinagre. Misture muito bem.

4. Refrigere, até gelar. Depois disso, você já pode consumir ou transfira para dois vidros grandes esterilizados, dividindo os sucos da vasilha entre eles. Então deixe fermentar em temperatura ambiente por alguns dias antes de guardar na geladeira. Como o pepino não se mantém crocante por muito tempo, é melhor consumir o kimchi em cerca de 1 semana.

A parte boa desse acompanhamento – chamado de *banchan* pelos coreanos – é que não só agrada ao paladar como ajuda a manter o sistema digestivo saudável graças à presença de lactobacilos, bactérias amigas do intestino. A alimentação ocidental não inclui com frequência comidas fermentadas, e muita gente afirma que isso causa danos à nossa saúde.

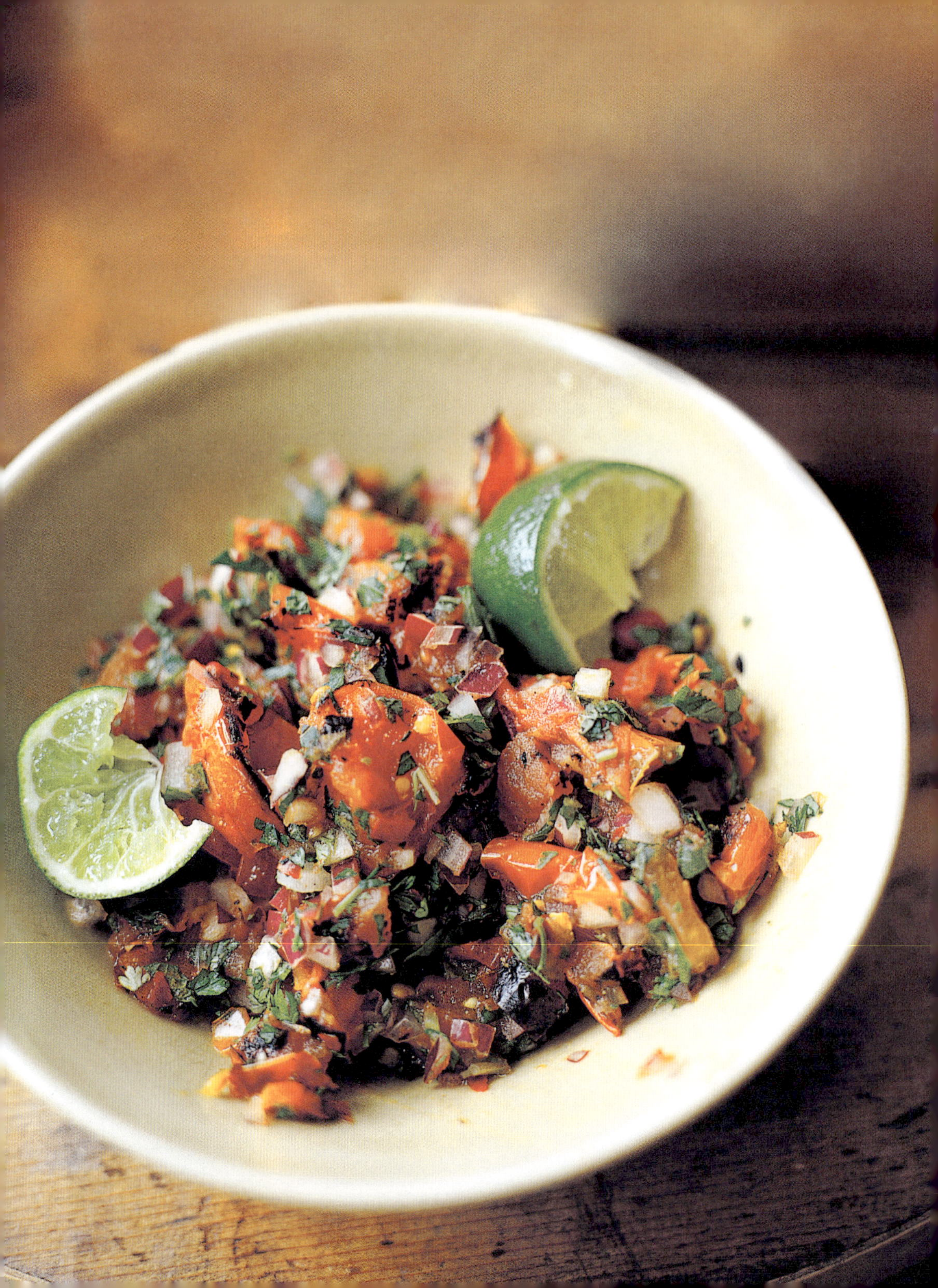

SALSA PICANTE DE TOMATE

*VEGETARIANO *SEM LATICÍNIOS *SEM GLÚTEN

Um dos produtos mais vendidos em nossa fazenda é uma salsa muito picante de tomate e alho chamada Vampire Relish (relish antivampiros). Essa receita é uma versão com tomate fresco e, sem dúvida, vai garantir que nenhum vampiro apareça em suas festas.

Rende 12-16 porções

4 tomates italianos grandes e maduros picados grosseiramente
½ cebola roxa picada grosseiramente
2 dentes de alho descascados e picados
suco de 1 limão-taiti
2 colheres (chá) de pimenta-calabresa
2 colheres (chá) de molho de pimenta, ou a gosto
1 colher (sopa) de vinagre de vinho tinto
alguns ramos de salsa bem picados
sal e pimenta-do-reino moída na hora

1. Coloque todos os ingredientes no processador, exceto a salsa, e bata em baixa velocidade para manter a mistura com pedaços.

2. Junte a salsa, tempere a gosto com sal e pimenta-do-reino e leve à geladeira até a hora de servir; o sabor fica melhor depois de algumas horas. Sirva com chips de tortilha.

Essa receita clássica de pesto, assim como outras versões, é uma maneira simples e deliciosa de introduzir mais alho em sua alimentação – sou sempre generosa com o ingrediente, mas use a quantidade adequada ao seu paladar. O molho vai bem com massas, sanduíches, bruschettas, saladas de leguminosas, carne assada ou como recheio de peito de frango.

PESTO CLÁSSICO * SEM GLÚTEN

30 g de pinhole
folhas de um maço grande de manjericão
2 dentes de alho grandes
6 colheres (sopa) de azeite
suco de ¼ de limão-siciliano
30 g de parmesão
sal marinho

1. Toste o pinhole em uma frigideira até dourar.

2. Coloque todos os ingredientes no processador, exceto o parmesão, e bata até obter a consistência desejada – eu prefiro o pesto pedaçudo.

3. Misture o parmesão ralado na hora e tempere com sal a gosto.

PESTO DE ALHO VERDE * SEM GLÚTEN

3 cabeças grandes de alho verde sem as raízes [ou alho-poró sem raízes ou folhas grossas]
2 dentes de alho picados
4 colheres (sopa) de azeite
1 colher (chá) de sal
4 colheres (sopa) de sementes (pinhole, abóbora e girassol)
um punhado grande de folhas de manjericão
150 g de parmesão ou pecorino ralado fino na hora
sal marinho

1. Pique muito bem as cabeças, talos e folhas do alho verde.

2. Coloque todos os ingredientes no processador, exceto o queijo, e bata até obter a consistência desejada.

3. Misture o queijo e tempere com sal a gosto. Se ficar muito seco, acrescente mais azeite.

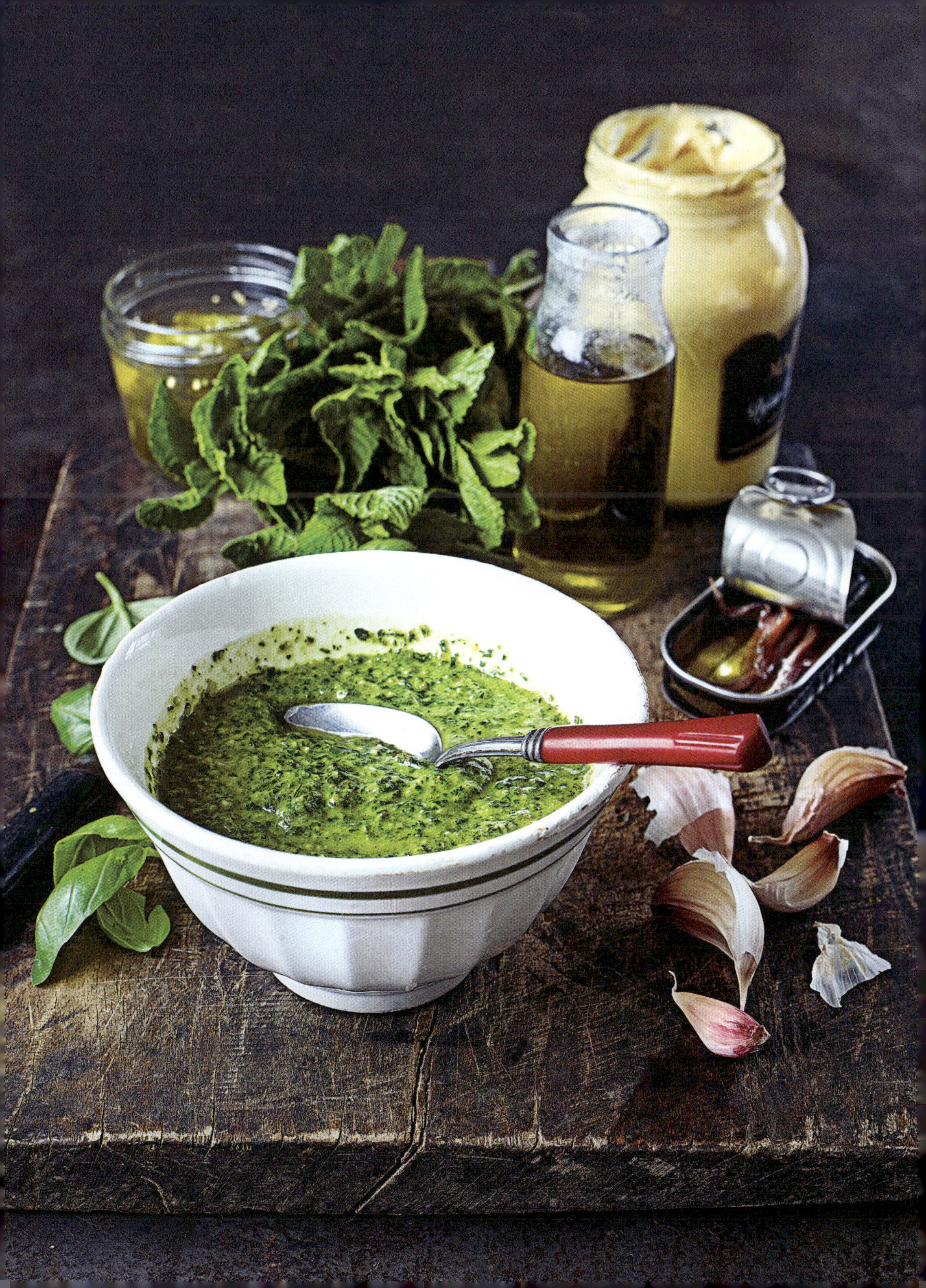

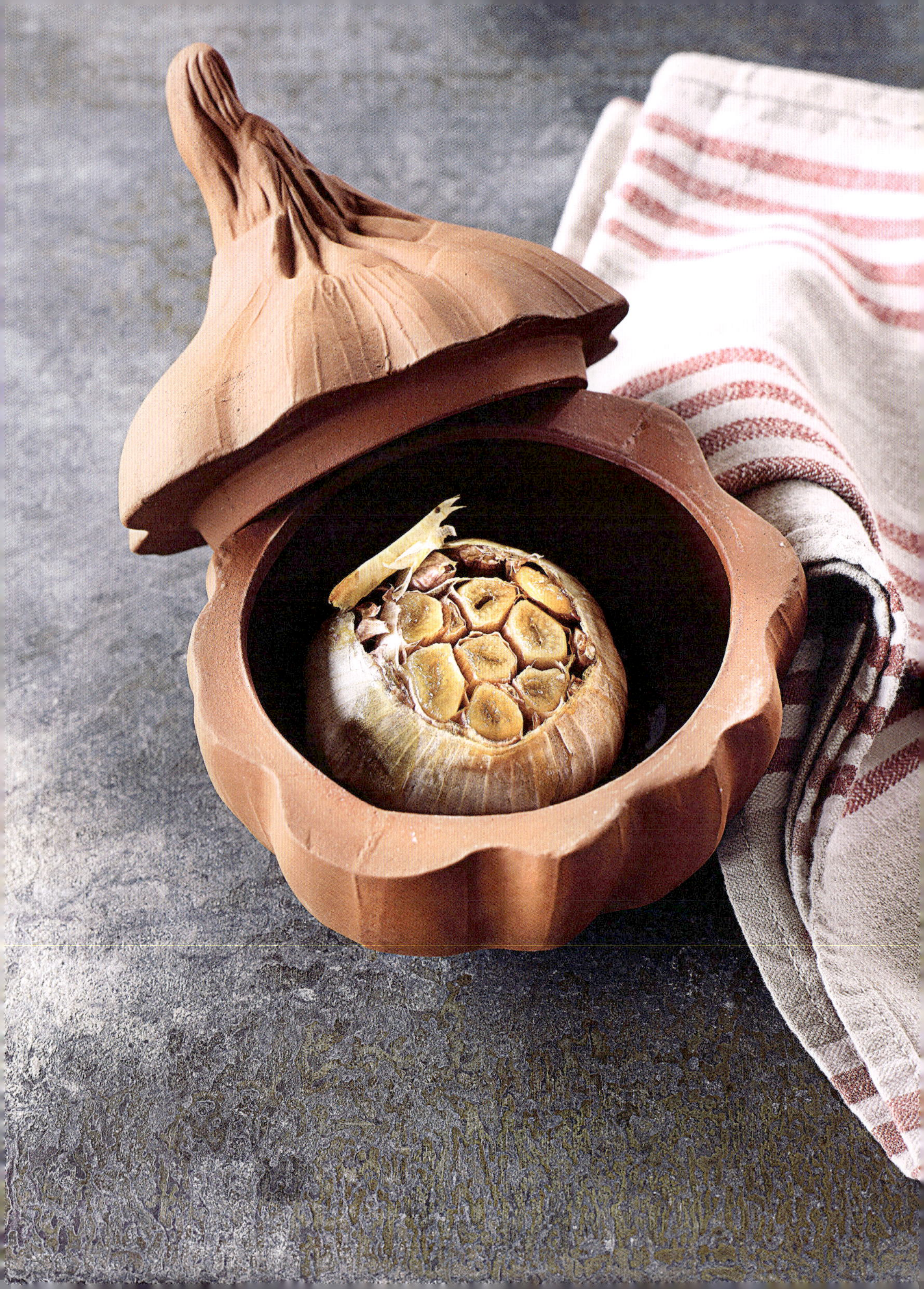

O MELHOR ALHO INTEIRO ASSADO

*VEGETARIANO *SEM LATICÍNIOS *SEM GLÚTEN

Testamos e provamos diversas maneiras de preparar alho assado em casa e no café da nossa fazenda. Depois de muita deliberação, esse é o método que recomendamos para que você obtenha os dentes mais suculentos, adocicados e macios. Você pode servir inteiro para acompanhar carnes assadas.

Rende 1 unidade por pessoa

1 cabeça de alho por pessoa
azeite

1. Preaqueça o forno a 180°C.

2. Unte o exterior da cabeça de alho com azeite. Embrulhe folgadamente em papel-alumínio (ou use uma panela com tampa que possa ir ao forno) e asse por 1 hora.

3. Desembrulhe o alho (ou destampe a panela) e asse por mais 10 minutos.

4. Na hora de servir, corte na horizontal para obter uma espécie de "tampa", que pode ser levantada para que cada um se sirva da polpa macia.

ÍNDICE

A

abóbora-cheirosa: risoto de abóbora assada 60-1
abobrinha: bolinho de abobrinha 31
  salada morna de lentilha e halloumi 44-5
acelga-chinesa: canja à moda vietnamita 20-1
  peixe no papillote 64-5
aïoli 74-5
alecrim, focaccia de alho e 46-7
alho: cheiro de 9
  como armazenar 11
  o melhor inteiro assado 88-9
  para amassar 8
  para descascar 8
  para escolher bem 11
  para fatiar 8
alho verde, pesto de 86
alicina 10, 11, 31
amendoim: som tam 42-3
avocado: camarão ao alho com avocado 30

B

batata: assada com alho 38-9
  frittata de alho, cebola e tomilho 28-9
  gratinada com alho defumado 36-7
bebida: bloody mary de alho 18-9
beterraba, bolinho de alho e 32-3
bloody mary de alho 18-9
bolinho: de abobrinha 31
  de alho e beterraba 32-3
brócolis: brócolis picantes 40-1
  curry de grão-de-bico e brócolis 70-1
broto de alho, salteado de carne e 66-7
broto de feijão: som tam 42-3
bruschetta 26-7

C

camarão ao alho com avocado 30
carne bovina: salteado de carne e broto de alho 66-7
cebola: frittata de alho, cebola e tomilho 28-9
ceviche 16-7
ciabatta tostada 50-1
coalhada: cordeiro com molho de coalhada 56-7
  molho de alho, coentro e coalhada 78-9
  tzatziki 80
coentro: molho de alho, coentro e coalhada 78-9
cogumelo: pizza de cogumelo 58-9
  sopa para reforçar a imunidade 22-3
cominho: bolinho de alho e beterraba 32-3
compostos sulfúricos 10, 11
cordeiro com molho de coalhada 56-7
curry de grão-de-bico e brócolis 70-1

E

espaguete à carbonara 62-3

F

focaccia de alho e alecrim 46-7
frango: canja à moda vietnamita 20-1
  frango com 40 dentes de alho 54-5
  frango tandoori 68-9
frittata de alho, cebola e tomilho 28-9
frutos do mar: camarão ao alho com avocado 30

G

gaspacho 24-5
grão-de-bico: curry de grão-de-bico e brócolis 70-1
  homus clássico 76-7

H

halloumi, salada morna de lentilha e 44-5
homus clássico 76-7
hortelã: cordeiro com molho de coalhada 56-7

I

imunidade, sopa para reforçar a 22-3

K

kimchi de pepino 82-3

L

lentilha: salada morna de lentilha e halloumi 44-5
limão-siciliano: picles de alho e dois limões 81
limão-taiti: ceviche 16-7
  picles de alho e dois limões 81

M

macarrão: canja à moda vietnamita 20-1
  espaguete à carbonara 62-3
manjericão: pesto clássico 86-7
molhos: aïoli 74-5
  de alho, coentro e coalhada 78-9
  de coalhada e hortelã 56-7
  marroquino 80
  vinagrete 78-9

O

o melhor alho inteiro assado 88-9
ovos: aïoli 74-5
  espaguete à carbonara 62-3
  frittata de alho, cebola e tomilho 28-9

P

pancetta: espaguete à carbonara 62-3

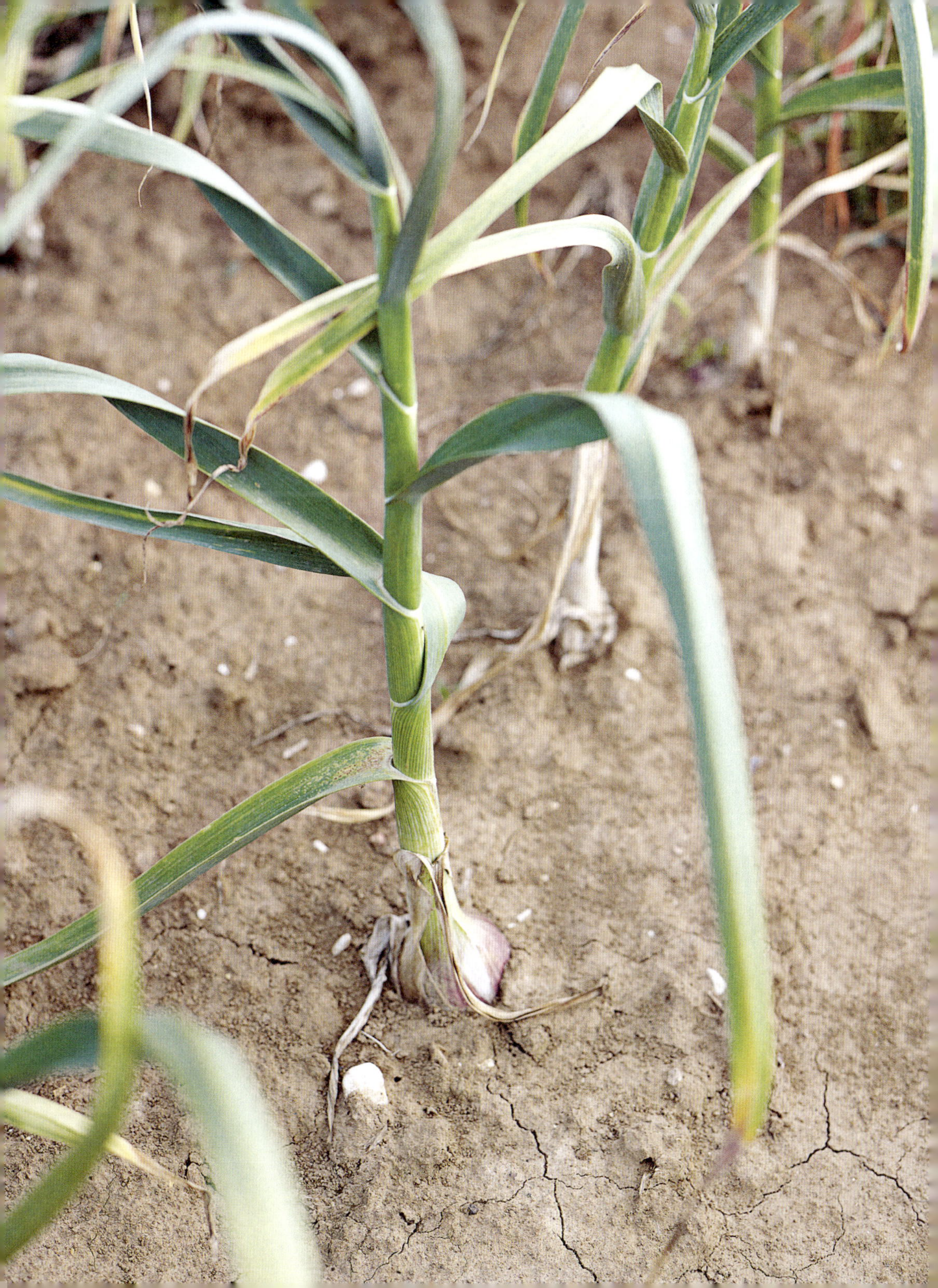

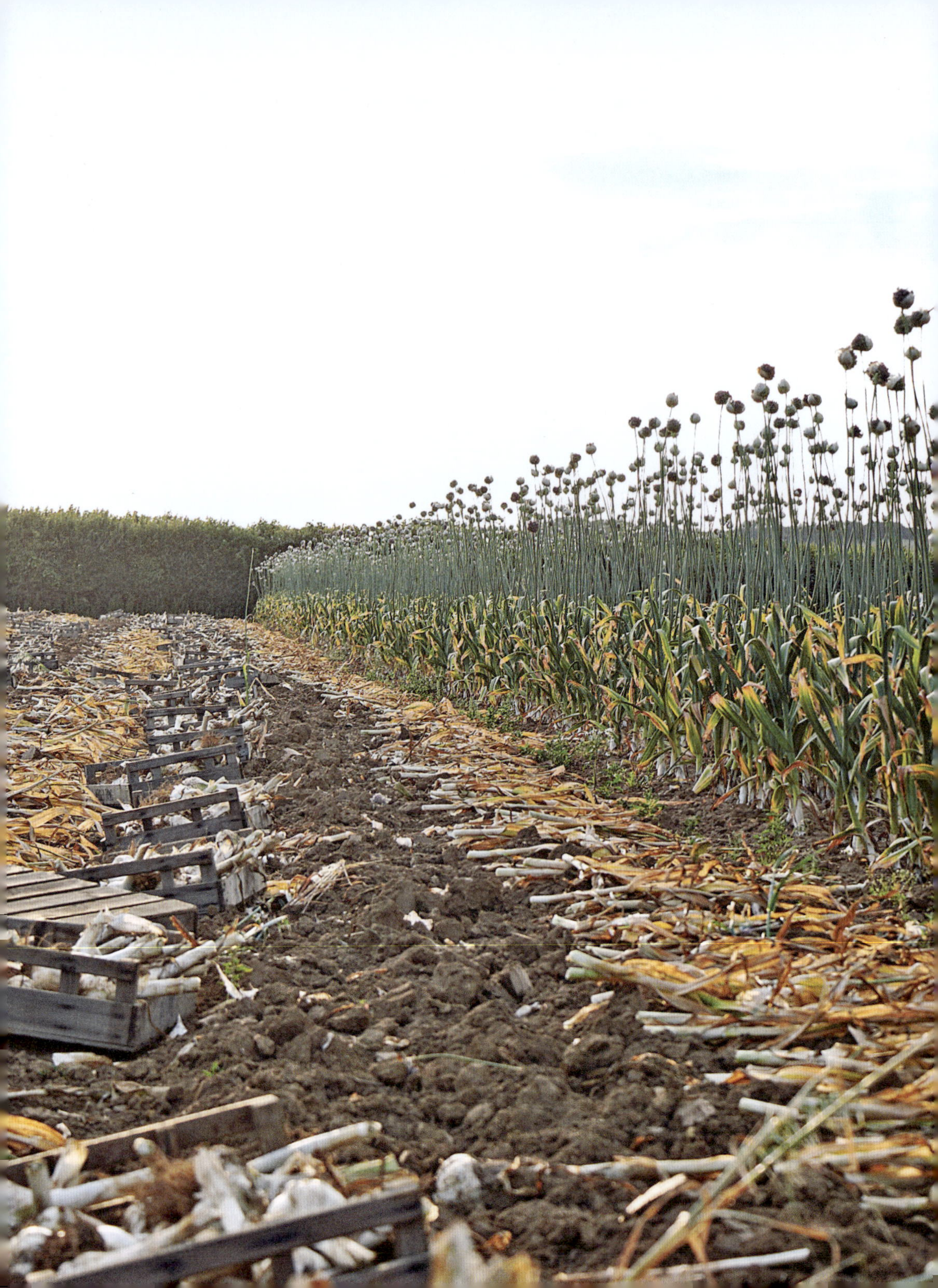

pão: bruschetta 26-7
  ciabatta tostada 50-1
  focaccia de alho e alecrim 46-7
  pão de alho com queijo 48-9
papaia: som tam 42-3
pastas: homus clássico 76-7
  tzatziki 80
peixe no papillote 64-5
pepino: gaspacho 24-5
  kimchi de pepino 82-3
  tzatziki 80
pesto: clássico 86-7
  de alho verde 86
picles de alho e dois limões 81
pinhole: pesto clássico 86-7
pizza de cogumelo 58-9
porcini: pizza de cogumelo 58-9
  sopa para reforçar a imunidade 22-3

Q

queijo: bolinho de abobrinha 31
  pão de alho com queijo 48-9
  pesto clássico 86-7
  pesto de alho verde 86
  pizza de cogumelo 58-9
  salada morna de lentilha e halloumi 44-5
  tarte tatin de alho e tomate 14-5

R

relish: salsa picante de tomate 84-5
risoto de abóbora assada 60-1
romã: salada morna de lentilha e halloumi 44-5

S

salada morna de lentilha e halloumi 44-5
salsa picante de tomate 84-5

salteado de carne e broto de alho 66-7
sementes: pesto de alho verde 86
shiitake: sopa para reforçar a imunidade 22-3
shimeji: sopa para reforçar a imunidade 22-3
som tam 42-3
sopas: canja à moda vietnamita 20-1
  gaspacho 24-5
  sopa para reforçar a imunidade 22-3
suco: bloody mary de alho 18-9

T

tarte tatin de alho e tomate 14-5
tomate: bloody mary de alho 18-9
  bruschetta 26-7
  curry de grão-de-bico e brócolis 70-1
  gaspacho 24-5
  salsa picante de tomate 84-5
  som tam 42-3
  tarte tatin de alho e tomate 14-5
tomilho, frittata de alho, cebola e 28-9
torta: tarte tatin de alho e tomate 14-5
tzatziki 80

V

vegetarianos: aïoli 74-5
  batata gratinada com alho defumado 36-7
  bloody mary de alho 18-9
  bolinho de abobrinha 31
  bolinho de alho e beterraba 32-3
  focaccia de alho e alecrim 46-7
  frittata de alho, cebola e tomilho 28-9
  gaspacho 24-5
  homus clássico 76-7
  molho de alho, coentro e coalhada 78-9
  molho marroquino 80
  o melhor alho inteiro assado 88-9
  pão de alho com queijo 48-9
  picles de alho e dois limões 81
  risoto de abóbora assada 60-1
  salada morna de lentilha e halloumi 44-5
  sopa para reforçar a imunidade 22-3
  tarte tatin de alho e tomate 14-5
  tzatziki 80
  vinagrete 78-9
vinagrete 78-9
vodca: bloody mary de alho 18-9

AGRADECIMENTOS

A todos os que me ajudaram a testar e provar as receitas – das mais suaves e deliciosas às excessivamente experimentais.

Agradeço especialmente a meu marido, Barnes, por seu apoio incondicional, e a meus filhos, Arlo e Freya, por já serem capazes de reconhecer uma boa cabeça de alho.

A minha querida amiga e excelente cozinheira, Columbine Mulvey, por toda a sua ajuda especializada, dicas, ideias e inspiração.

A meus pais, sem os quais este livro não teria sido possível, por tantas razões além das óbvias. Obrigada aos dois.

A Kyle, Judith e Vicki, da Kyle Books, por todo o seu trabalho dedicado e por acreditarem neste livro.

A todos da The Garlic Farm. Continuem com o excelente trabalho!

Título original: *The Goodness of Garlic*

Publicado originalmente na Grã-Bretanha em 2016, a partir de uma edição estendida de 2012, pela Kyle Books, um selo da Kyle Cathie Ltd, 192-198 Vauxhall Bridge Road, SW1V 1DX, Londres, Inglaterra.

Copyright do texto © 2016 Natasha Edwards
Copyright do projeto gráfico © 2016 Kyle Books
Copyright das fotos © Peter Cassidy, exceto p. 20 e p. 62 © Claire Winfield; p. 24 © Sarah Cuttle; p. 51 © Kate Whitaker; p. 58 © Con Poulos; p. 70 © Dan Jones; p. 80 © Martin Poole; p. 84 © Richard Jung.
Copyright das ilustrações © 2016 Jenni Desmond
Copyright © 2017 Publifolha Editora Ltda.

Todos os direitos reservados. Nenhuma parte desta obra pode ser reproduzida, arquivada ou transmitida de nenhuma forma ou por nenhum meio sem a permissão expressa e por escrito da Publifolha Editora Ltda.

Proibida a comercialização fora do território brasileiro.

Coordenação do projeto: Publifolha
Editora-assistente: Fabiana Grazioli Medina
Coordenadora de produção gráfica: Mariana Metidieri

Produção editorial: A2
Coordenação: Sandra R. F. Espilotro
Tradução: Gabriela Erbetta
Consultoria culinária: Luana Budel
Preparação de texto: Maria A. Medeiros
Revisão: Carmen T. S. Costa, Carla Fortino

Edição original: Kyle Books
Editora de projeto: Claire Rogers
Designer: Helen Bratby
Fotos: Peter Cassidy
Ilustração: Jenni Desmond
Produção culinária e de objetos: Annie Rigg
Produção: Nic Jones e Gemma John
Design da capa: Helen Bratby
Foto da capa: Claire Winfield
Foto da contracapa: Peter Cassidy

Dados Internacionais de Catalogação na Publicação (CIP)
(Câmara Brasileira do Livro, SP, Brasil)

Edwards, Natasha
 Os benefícios do alho : 40 receitas incríveis para reforçar a imunidade / Natasha Edwards ; [tradução Gabriela Erbetta] ; fotos de Peter Cassidy. -- São Paulo : Publifolha, 2017. -- (Os Benefícios)

 Título original: The goodness of garlic
 ISBN: 978-85-68684-83-2

 1. Alimentos - História 2. Alho - História 3. Alho - Uso terapêutico 4. Culinária (Alho) 5. Gastronomia 6. Receitas culinárias I. Cassidy, Fotos: Peter. II. Título III. Série.

17-02234   CDD-641.302

Índices para catálogo sistemático:
1. Alho : Alimento natural 641.302

Este livro segue as regras do Acordo Ortográfico da Língua Portuguesa (1990), em vigor desde 1o de janeiro de 2009.

Impresso na China.

PubliFolha

Divisão de Publicações do Grupo Folha
Al. Barão de Limeira, 401, 6º andar
CEP 01202-900, São Paulo, SP
www.publifolha.com.br

NOTA DO EDITOR

Apesar de todos os cuidados tomados na elaboração das receitas deste livro, os editores não se responsabilizam por erros ou omissões decorrentes da preparação dos pratos.

Pessoas com restrições alimentares, grávidas e lactantes devem consultar um médico especialista sobre os ingredientes de cada receita antes de prepará-la.

As fotos deste livro podem conter acompanhamentos ou ingredientes meramente ilustrativos.

Em todas as receitas deste livro, foram usados ovos orgânicos.

Observações, exceto se orientado de outra forma:
Use sempre ingredientes frescos.
O forno deve ser preaquecido na temperatura indicada na receita.

Equivalência de medidas:
• 1 colher (chá) = 5 ml
• 1 colher (sopa) = 15 ml
• 1 xícara (chá) = 250 ml

Nas listas de ingredientes, as indicações entre colchetes correspondem à consultoria culinária específica para a edição brasileira.